علامہ ناصرالدین البانی

(تاثراتی مضامین)

اداره محدث (لاہور)

ISBN 978-93-5872-861-3

© تعمیر پبلی کیشنز

کتاب	:	علامہ ناصر الدین البانی
مرتب	:	ادارہ محدث
صنف	:	تحقیق
ناشر	:	تعمیر پبلی کیشنز (حیدرآباد، انڈیا)
زیر اہتمام	:	تعمیر ویب ڈیولپمنٹ، حیدرآباد
تدوین / تہذیب	:	مکرم نیاز
سالِ اشاعت	:	سنہ ۲۰۲۳ء
تعداد	:	(پرنٹ آن ڈیمانڈ)
طابع	:	تعمیر پبلی کیشنز، حیدرآباد –۲۴
صفحات	:	۸۰
سرورق ڈیزائن	:	تعمیر ویب ڈیزائن

فہرست

پیش لفظ

شیخ محمد ناصر الدین البانی (پیدائش: ۱۶؍اگست ۱۹۱۴ء) عالم اسلام کے عظیم مفکر، دورِ حاضر کے مایہ ناز محدث اور شاہ فیصل ایوارڈ یافتہ محقق رہے ہیں جن کا انتقال ۸۵ برس کی عمر میں اردن کے دارالحکومت عمان میں ۲؍اکتوبر ۱۹۹۹ء (مطابق ۲۲؍جمادی الآخر ۱۴۲۰ھ) کو ہوا۔

علامہ البانی موجودہ دور میں ائمہ سلف کی نشانی اور علم و فن کی آبرو تھے۔ بالخصوص فنِ حدیث میں آپ کی تحقیقی خدمات اس قدر عظیم ہیں کہ آپ دورِ حاضر میں سند اور حرفِ آخر کی حیثیت رکھتے تھے۔ اسلام کے متنوع موضوعات پر گذشتہ نصف صدی کے عرصے میں شاذ و نادر ہی کوئی ایسی کتاب شائع ہوئی ہوگی جس میں آپ کی حدیث پر خدمات سے بھرپور استفادہ نہ کیا گیا ہو۔ آپ کی خدمات نے علومِ اسلامیہ بالخصوص علومِ حدیث و سنت میں انقلاب خیز اثرات پیدا کئے اور علمائے امت نے اس باب میں آپ کو امامِ فن تسلیم کیا ہے۔

ماہنامہ 'محدث' (لاہور) نے علامہ البانیؒ کی وفات پر خصوصی شمارہ (نومبر ۱۹۹۹ء) شائع کیا تھا، یہ کتاب اسی شمارے کے منتخب مضامین پر مشتمل ہے۔

بسم اللہ الرحمن الرحیم

محدثُ العصر شیخ البانیؒ کا سانحۂ ارتحال

''سورج روز ہی مشرق سے طلوع ہوتا، سارا دن اپنی روشنی بکھیرنے کے بعد شام ڈھلے مغرب میں غروب ہوجایا کرتا ۔۔۔۔۔ لیکن اُس دن سورج غروب ہوتے ہے اپنے ساتھ آسمانِ علم کے آفتاب کو بھی لیکر غروب ہوا، اس دن کا یہ غروب کس قدر افسوسناک اور امتِ مسلمہ کے لئے باعثِ غم واندوہ تھا ۔۔۔۔۔ تصور میں لایئے اس رات کی تاریکی کو جب آسمانِ دنیا کے سورج کے ساتھ آسمانِ علم کا آفتاب بھی دنیا سے چل بسا''

یہ وہ کلمات ہیں جن کا علم و فضل کے آفتاب (شیخ محمد ناصر الدین البانی، جنہوں نے ایک عرصہ دنیا کو اپنے علم و فضل سے منور کیا) کے غروب کی اطلاع دینے کے لئے ان کے شاگردوں سہارا لیا۔ ۲۲ رجمادی الآخرۃ ۱۴۲۰ھ کو آپ سورج غروب ہونے سے چند گھڑیاں قبل اپنے خالقِ حقیقی سے جاملے ۔۔۔۔۔ انا للہ وانا الیہ راجعون!

۲ راکتوبر ۱۹۹۹ء کا دن ڈھل چکا ہے، رات کے سائے گہرے ہو رہے تھے کہ اردن کے دارالحکومت عمان سے شیخ محمد ناصر الدین البانی کے شاگردوں نے مدیراعلیٰ ''محدث'' کو یہ پرسوز اطلاع پہنچائی کہ علامہ البانی وفات پاگئے۔ اس غم و الم سے بھرپور گھڑی جس کے آنے کا کچھ عرصہ سے مجبانِ علم کو شدید یہ خطرہ تھا، آخر کار آن پہنچی اور زبانیں جس ہستی کی بقا اور اس کا سایہ تادیر قائم رہنے کی دعائیں کیا کرتی تھیں، آج انا للہ وانا الیہ راجعون کہنے پر مجبور ہوگئیں۔ لمحوں میں یہ دل فگار خبر عالم اسلام کے کونے کونے میں پھیل گئی اور دلوں میں بے چینی اور زبانوں پر کلماتِ استغفار کا ورد شروع ہو گیا!!

ادارۂ محدث کے لئے یہ خبر بڑی تکلیف کا پیغام بن کر آئی۔ بڑے بوجھل دلوں کے ساتھ یہ خبر اہلِ علم کو پہنچائی گئی ۔ راقم الحروف نے ایک مختصر خبر تیار کر کے اخبارات کو رات گئے ارسال کی ۔ خیال تھا کہ اس عظیم المرتبت شخصیت کی وفات کو اخبارات خاص اہمیت دیں گے لیکن علم سے ناواقف لوگوں کو کیا پتہ کہ اس ہستی کے جانے سے امتِ اسلامیہ کیسی عظیم سرپرستی اور نہایت گراں قدر سرمائے سے محروم ہوگئی۔ اخبارات نے مختصر خبریں شائع کرنے پر ہی اکتفا کیا۔ یہ زخم اس وقت اور ہرے ہوگئے جب دینی صحافت کے ممتاز رسائل و جرائد میں بھی اس خبر کو بڑے اختصار سے شائع کرنے کو ہی کافی سمجھا گیا، نہ معلوم ہماری امت میں علمی ذوق اس قدر نادر اور تحقیقی رجحان اس قدر نایاب کیوں ہوتا جا رہا ہے

کہ قوم اپنے محسنوں اور اس دور میں مسلمانوں کی علمی روایات کے امین اہل فکر و دانش کی قدر کرنے کی بھی روادار نہیں رہی اور ان کے بارے میں جاننے کا انہیں کوئی شوق نہیں!

محدث سے وابستہ قارئین اس موقع پر یہ توقع کر رہے تھے کہ علم حدیث کا پاسبان یہ مجلہ شیخ البانی کی شخصیت اور خدمات پر مبنی معلومات ، آپ کی وفات پر علماء کے تاثرات وغیرہ شائع کرے گا۔ لیکن اتفاق کیجئے کہ محدث کو سود نمبر کی تیاری اور اشاعت کا مرحلہ درپیش تھا، جس کے مخصوص موضوع کی وجہ سے یہ اہم تذکرے مؤخر کرنے پڑے۔

سال رواں اسلامی علم و تحقیق سے وابستہ افراد کے لئے قیامت خیز ثابت ہوا کہ جس کے پہلے نصف میں شیخ ابن باز مفتی اعظم سعودی عرب سمیت کتاب و سنت کی خالص دعوت کے علمبردار متعدد ممتاز اہل علم دارِ فانی سے دارالبقاء کی طرف کوچ کر گئے۔ علمی حلقے ابھی شیخ ابن باز کی وفات حسرت آیات پر غم و اندوہ میں ڈوبے ہوئے تھے کہ آسمان علم کا دوسرا جگمگاتا ستارہ بھی غروب ہو گیا۔ صرف ۱۰ ماہ کے عرصے میں جو ممتاز علماء ہم سے بچھڑ گئے ان میں قاضی مدینہ شیخ عطیہ محمد سالم، محدثِ مدینہ شیخ عمر فلاتہ، مدرس مسجد نبوی شیخ ابو بکر جابر الجزائری، یمن کے شیخ مقبل الوادعی، پاکستان کے مولانا محمد عبدہ الفلاح اور دیگر بہت سے علماء شامل ہیں۔ حضرت عبداللہ بن عمرو بن عاص کا روایت کردہ نبی اکرمﷺ کا یہ فرمان ہماری ہی منظر کشی کرتا ہے

''اللہ تعالیٰ علم کو سینوں سے نہیں چھینے گا، لیکن علم کو علماء کی وفات کے ساتھ قبض فرمائے گا''

ان علماء کی وفات کو دیکھیں تو ہم اسی حدیث کے مصداق نظر آتے ہیں۔ شیخ ابن باز اور شیخ البانی دورِ حاضر میں امتِ اسلامیہ کے امام تھے۔ دونوں کی خدمات اور علم و فضل کا اندازہ کریں تو جماعتوں اور اداروں پر بھاری نظر آتی ہیں۔ شیخ ابن باز کے بارے میں محدث کے گذشتہ شماروں میں بعض مضامین شائع کئے جاتے رہے۔ آپ کی وفات کا زخم امت پر بہت گہرا ثابت ہوا...... دوسری طرف محدث کے سود نمبر سے پچھلے شمارے میں شائع شدہ، شیخ البانی کے لئے شاہ فیصل ایوارڈ کا اعلان محبانِ علومِ سنت کے لئے فخر و مسرت کی نوید لے کر آیا تھا کہ آپ کی جدائی کے غم سے دو چار ہونا پڑا۔

شیخ البانی کی شخصیت اور خدمات کسی کی بیان کی محتاج نہیں، علمِ تحقیق سے وابستہ لوگوں کے لئے یہ نام انجانا نہیں، شیخ البانی کی تصنیفی اور تحقیقی خدمات آپ کی زندگی میں اس قدر مفید و قبول عام حاصل کر گئیں کہ آپ کا نام اور حوالہ سند کے طور پر لیا جاتا۔ مجھے علم ہے کہ برصغیر کے اکثر اہل علم شیخ البانی کے بارے میں، ان کے حالات اور کوائف کے بارے میں زیادہ آگاہ نہیں لیکن ان سے متعارف ہونے کی جستجو اور ان کے بارے میں جاننے کی تڑپ ہر علم دین سے محبت رکھنے والے کے دل میں ہے۔

شیخ البانی عالمِ عرب میں رہے، وہیں علمی و دینی خدمات انجام دیں، آپ کی زیادہ کتب اردو زبان میں بھی ترجمہ نہیں ہوئیں، کبھی آپ نے بلادِ پاک و ہند کا بھی سفر نہیں کیا، عالم اسلام میں آپ کے سفر بہت محدود ہیں لیکن آپ کے معتقدین، محبین اور آپ سے فیض پانے والے دنیا کے کونے کونے میں پھیلے ہوئے ہیں۔ عجب اتفاق دیکھئے کہ آپ کسی تنظیم کے سربراہ تھے، نہ کسی حکومتی منصب کے حامل، کسی دینی تنظیم کے بانی تھے نہ اس کے رکن، حکومتی مشینری کا تعاون آپ کو میسر تھا نہ کوئی مالی آسودگی حاصل تھی۔ جہاں جہاں آپ گئے پابندیاں اور سختیاں آپ کے پیچھے گئیں، آپ کو آزادی سے کام کی فرصت میسر نہ آسکی۔ لیکن آپ کی فکری تحریک نے دنیا کو متاثر کیا، آپ کی کتب و مؤلفات کے سہارے یہ علمی تحریک نہ صرف دنیا بھر میں پھیلی بلکہ اس نے دلوں کو مسخر کیا، ذہنوں کو تبدیل کیا، شخصیت پرستیوں اور تعصب کے اصنام کی جگہ حبِّ رسولؐ اور سنتِ رسولﷺ کی شمعیں دلوں میں جاگزیں کردیں۔

بڑے وثوق سے یہ کہا جاسکتا ہے کہ آپ کی کتب نہ صرف ہر اسلامی لائبریری کی اوّلین ضرورت اور زینت ہیں بلکہ آپ کے کتب کے حوالے ہر علمی مضمون کی پہچان ہیں۔ گذشتہ برسوں میں لکھے جانے والے کم ہی ایسے علمی تحقیقی مضامین ہوں گے جن میں آپ کی خدمات سے استفادہ نہ کیا گیا ہو۔ آپ کی دعوت کا امتیازی پہلو یہ ہے کہ آپ نے حدیثِ نبوی کے بارے میں ایک خاص ذوق اُمت میں پروان چڑھایا، ضعیف احادیث کو صحیح سے ممتاز کرنے کا ..... اللہ کی شان کہ اس فکر نے چند برسوں میں اپنی اہمیت تسلیم کروالی ۔ امرِ واقعہ یہ ہے گذشتہ چند برسوں سے احادیث کو اپنے خطبات اور تحریروں میں پیش کرنے والے اس امر سے خائف نظر آنے لگے کہ کہیں وہ ضعیف احادیث یا ایسی مشہور احادیث کو زبان سے نہ نکال بیٹھیں جن کی اسنادی حیثیت مسلم نہ ہو اور اس پر اہل علم کے سامنے ان کو جوابدہ بلکہ شرمندہ ہونا پڑے۔

آیئے، دیکھتے ہیں کہ وہ کون سی وجوہات ہیں جس نے حکومتی، مالی یا اَفرادی وسائل کے فقدان باوجود اس قدر تیزی سے ایک فکر کو عام بلکہ قلوب میں جاگزیں کردیا، دوسری طرف اس فکر کے اہلِ علم کے دلوں کی دھڑکن اور امام و قائد بھی منوالیا۔ ادارۂ محدث کو بھی اس امر کے اعتراف میں کوئی باک نہیں کہ محدث جس مخصوص طرزِ فکر اور اسلوبِ تحقیق کا حامی ہے، اس کو مہمیز دینے اور فکری سرپرستی مہیا کرنے میں شیخ البانی کا بہت ہاتھ ہے۔ یوں تو مجلہ محدث بہت سے معروف علماء کی امیدوں کا ترجمان بن کر اور ان کے فکر و اسلوبِ نظر کی تائید سے منصۂ شہود پر آیا لیکن محترم مدیر اعلیٰ نے ۳۰ برس قبل جس شخص سے متاثر ہو کر علم و تحقیق کا یہ درّہ کیا تھا، وہ شخصیت شیخ البانی رحمہ اللہ کی ہی تھی۔ یہی وجہ ہے کہ محدث کو بھی جب اپنے مشن کے تعین اور پہچان کا مرحلہ درپیش ہوا تو یہ تعارف

’’حدیثِ نبوی بیان کرنے والے‘‘ مجلّہ کے عنوان میں ڈھل گیا۔ دیگر بہت سے مقاصد کے ساتھ ساتھ جس موضوع کو محدث نے امتیازی طور پر اپنا مشن بنایا وہ حدیثِ نبوی کی حجیت ، انکارِ حدیث کا تعاقب اور علومِ حدیث کی نشرواشاعت کا میدان ہی ہے ۔ یہی وہ خصوصیت ہے جس کا تذکرہ مدیر اعلیٰ نے بھی گذشتہ برس راقم الحروف کی معیت میں شیخ الالبانی سے ہونے والی اپنی ملاقات میں کیا تو شیخ الالبانی کے چہرے پر مسرت کے آثار نمایاں ہوگئے اور اس مجلّہ کے لیے بے ساختہ دعائیں آپ کے لبِ مبارک سے ادا ہونے لگیں۔

محدثِ جلیل شیخ الالبانی اپنی ذات میں ایک ادارہ اور تحریک تھے، اس کے باوجود کہ اس ادارے اور فکری تحریک کو کوئی ادارتی نظم یا تحریکی ڈھانچہ حاصل نہ تھا۔ شیخ الالبانی نے یہ سارے علمی میدان علماء کی کسی جماعت کی ہمراہی میں سر نہیں کئے ۔ وقت کا صحیح استعمال ، معروفیات کا توازن ، خلوصِ نیت، کام میں یکسوئی اور ان سب سے بڑھ کر اللہ کی خصوصی رحمت ہی آپ کے شاملِ حال رہی۔ اس علمی سفر میں ہجرتوں کی صعوبتیں بھی آ ئیں، حاسدین کے بغض وعناد سے بھی سابقہ پیش آیا، نجی اور گھریلو مسائل سے بھی پالا پڑا لیکن اس خادمِ سنتِ رسول کے پائے ثبات میں لغزش نہ آئی۔ ہم بڑے اعتماد سے یہ بات کہہ سکتے ہیں کہ ذاتی محنت وکاوش کی بنیاد پر اس قدر زیادہ دینی وعلمی خدمات جو عالمی تاثیر سے بھی بھرپور ہیں، دورِ حاضر میں کسی عالم دین کے حصہ میں نہیں آ ئیں۔

شیخ الالبانی کی تالیفات کا نمایاں وصف ترتیب وسلیقہ ہے ۔ اکثر کتب پر آپ نے تہذیب وتالیف کا کام کیا۔ جس کام سے آپ نے علمی سفر کا آغاز کیا ، یعنی ایک کتاب پر مختلف امدادی حاشئے جمع کرنا، بنیادی طور پر یہ کام ترتیب وتہذیب ہی سے متعلق تھا جس کے ذریعے کتاب کی تفہیم میں آسانی پیدا کی گئی ۔ شیخ الالبانی کا مزاج کہئے کہ ایک موضوع پر موجود مختلف کتب میں شیخ الالبانی کی تالیف کردہ کتاب حسنِ ترتیب اور آسان ترفنہیم کا مرقع ہوتی ہے ۔ اس مقصد کے لیے آپ نے تبویب بندی کے ساتھ ترقیم بندی (شمار بندی) سے بھی خوب کام لیا ہے ۔ یوں تو یہ انداز آپ کی اکثر تالیفات پر غالب ہے لیکن اس کی ایک نمایاں مثال کے طور پر مختصر صحیح البخاری کے نام سے صحیح بخاری پر آپ کا عظیم کام ہے ، جس میں آپ نے ایک ہی متنِ حدیث کو صحیح بخاری میں وارد مختلف مقام پر مذکور روایتوں کی مدد سے جامع تر کیا ہے ۔ اس متنِ حدیث کو مختلف علامات کے ذریعے باہم ممتاز کرنے کے ساتھ ساتھ آخر میں حدیث کی تمام مکرر روایات کی ترقیمات بھی دے دی ہیں۔

صحیح وتضعیفِ احادیث کے باب میں شیخ الالبانی نے امت میں ایک انقلابی ذوق بیدار کیا جو عرصہ ہوا ٹھنڈا پڑ چکا تھا۔ اس مقصد کے لیے آپ نے متعدد کتبِ حدیث کی تخریج وتعلیق کا کام کیا، بالخصوص سنن اربعہ میں ضعیف وصحیح احادیث کو جدا جدا کر کے الگ الگ مجلدات کی شکل دی۔ شیخ الالبانی کی اس عظیم

خدمت کے نتیجے میں آج سنن اربعہ کی تمام صحیح احادیث، ضعیف احادیث سے جدا ہو چکی ہیں ۔ یہ کتب صحیح جامع ترمذی، ضعیف جامع ترمذی، صحیح سنن ابو داود، ضعیف سنن ابو داود، صحیح سنن نسائی، ضعیف سنن نسائی اور صحیح سنن ابن ماجہ، ضعیف سنن ابن ماجہ کے ناموں سے موجود ہیں۔ یہ کام صرف سنن اربعہ تک محدود نہیں رہا بلکہ آخر عمر میں صحیح الجامع الصغیر اور ضعیف الجامع الصغیر پر کام مکمل کرنے کے علاوہ دیگر بہت سی کتب حدیث کی بھی تخریج کر دی گئی ہے۔ اسی طرح ان کتب میں روایت کردہ احادیث کو سلسلۃ الأحادیث الصحیحۃ اور سلسلۃ الأحادیث الضعیفۃ کے نام سے کئیر جلدوں میں مستقلاً ترتیب بھی دے دیا گیا ہے، جس میں اول الذکر کی 8 جلدیں اور ثانی الذکر سلسلۃ الأحادیث الضعیفۃ کی 6 جلدیں شائع ہو چکی ہیں جبکہ اسی قدر جلدوں کا مسودہ اشاعت کے مراحل میں ہے۔

یہ کہنا تو مشکل ہے کہ شیخ کی ان خدمات کے بعد ہر حدیث کی فنی حیثیت متعین ہو گئی ہے اور اس باب میں مزید خدمات کی ضرورت نہیں رہی، لیکن شیخ البانی جیسے ماہر محدث کی عرق ریزی، اور اس فن میں مہارتِ تامہ کے بعد ان احادیث پر ایک ماہرانہ رائے ضرور سامنے آ گئی ہے جو طلبہ علم کی ضروریات کو کفایت کر سکتی ہے ۔ دوسرے لفظوں میں ایک انسانی کاوش ہونے کے ناطے شیخ البانی کی احادیثِ نبویہ پر لگائے گئے حکموں سے سو فیصد اتفاق تو نہیں کیا جا سکتا، اس بارے میں آپ کے منہج پر علماءِ حدیث کو بعض ملاحظات بھی رہے ہیں جس کا عالمانہ اظہار بھی ان کی طرف سے کیا جاتا رہا ہے اور شیخ نے خندہ پیشانی سے اس اختلافِ رائے کو قبول کیا ہے لیکن اس باب میں شیخ کی مخصوص مہارت اور ممارست آپ کی رائے کو دیگر اہل علم کی آراء پر ایک مجموعی ترجیح کا بہر حال رجحان رکھتی ہے۔

شیخ البانی کی علمی خدمات یوں تو حدیثِ نبوی تک ہی محدود نہیں رہیں بلکہ فقہ وأحکام کے باب میں بھی آپ نے اپنی تحقیقات پیش کی ہیں، عقائد وایمانیات پر بھی آپ کی علمی آراء موجود ہیں، لیکن آپ کی جو حیثیت بہر طور آپ کے مجموعی رجحان پر غالب نظر آتی ہے اور جس میں آپ کو درکِ تامہ اور دوسروں پر خصوصی برتری حاصل تھی، وہ علم حدیث کا میدان ہی ہے ۔ فقہ وسائل کے باب میں بھی آپ پر محدثانہ ذوق غالب ہے ۔ آپ فقہ الحدیث کی نمایاں مثال تھے۔

احادیث کا ایک وسیع ذخیرہ ان کے ہاں خانہ دماغ میں محفوظ تھا اور آپ کو بے شمار متونِ احادیث مکمل اسانید کے ساتھ ہر دم مستحضر رہے، اپنے کلام اور خطاب میں ان کا اکثر استعمال آپ کا خاصہ تھا۔ شیخ سے ہونے والی چند ملاقاتوں میں یہ احساس شدید تر ہوتا گیا کہ حدیثِ نبوی آپ کا حکیمہ کلام ہے اور آپ کے لب ہر دم اس کے ذکر مبارک سے معطر رہتے ہیں ۔ آپ کا ہر استدلال نصوص قرآن وسنت سے شروع ہوتا اور اسی پر ہی ختم ہوا کرتا۔ قرآن وحدیث ہی آپ کے فکر ونظر کی بنیاد تھے۔ علماءِ

امت کی آراء کو آپ برموقع استعمال کیا کرتے لیکن تائید واضافہ کے طور ، یا باہم مختلف نصوص میں تطبیق وتوازن کے لئے !

شیخ الالبانی کی عام بات چیت بھی بڑی نپی تلی اور ترتیب سے مزین ہوتی ، حتیٰ کہ عام بات چیت میں بھی آپ ترقیم اور تدوین کا اہتمام فرماتے ۔اسلوبِ بیان بہت واضح اور استدلال دونوک ہوتا جس میں اکثر صریح نصوص پر استدلال کی عمارت کھڑی ہوتی ۔ جو شخص حدیثِ نبوی کی حجیت اور عظمت کا معترف ہوتا ، آپ کی وسیع رائے کو آسانی سے نظر انداز نہ کر پاتا ۔

شیخ الالبانی کی ایک نمایاں خصوصیت دور اندیشی اور عمیق النظری تھی ۔نصوص پر اس قدر اعتماد واعتبار کرنے کے ذوق کے باوجود کسی کلام میں پنہاں حکمتیں آپ کی نظر سے پوشیدہ نہ رہتیں ۔ آپ اپنی رائے اور تبصرہ میں اس رائے کے ظاہر کے ساتھ مالہ وماعلیہ پر عالمانہ تبصرہ فرماتے ۔ذکاوت اور فہم وفراست کا وافر حصہ آپ پر اللہ کا خاص کرم تھا۔مسلمانوں کے مسائل کی حقیقی تصویر کشی اور اس کا مناسب حل تجویز کرنے کی یکی صلاحیت حکمرانوں اور مخالفین کو آپ کی زبان بند رکھنے پر اور آپ سے پابندیاں روار رکھنے کو مجبور کرتی ۔ حیاتِ مبارکہ کے آخری برس عمان میں ہونے والی ملاقاتوں میں آپ کے تلامذہ کی زبانی پتہ چلا کہ آپ کو اردن میں سکونت کی اجازت، خطابِ عام سے اجتناب کرنے سے مشروط ہے ۔ جس کا حل آپ کے معتقدین نے یوں نکالا کہ آپ کی اکثر بات چیت کو کیسٹوں میں محفوظ کر لیتے ۔ شیخ الالبانی کے شاگرد جب شیخ کو کچھ کلام کرنے پر آمادہ محسوس کرتے تو فوراً شیخ کے کوئی معتمد ساتھی نیپ ریکارڈ سامنے کر کے ابتدائی کلمات ریکارڈ کرتے اور شیخ کو دعوتِ خطاب دے دیتے۔راقم نے شیخ الالبانی کو بھی کیسٹ ختم ہونے پر نئی کیسٹ کا انتظار کرتے اور ریکارڈنگ کا یہ اہتمام کرتے دیکھا ہے۔

شیخ الالبانی پر اللہ کا ایک خاص انعام یہ تھا کہ اللہ نے ان کے فکر کو قبولیتِ عامہ سے نوازا تھا۔آپ کی شخصیت کا علمی وقار، وجاہت اور رعب ودبدبہ حاضرین کو مبہوت کر دیتا اور وہ آپ کی بات سننے کے

☆ ہمارے ہاں ابھی تک کیسٹوں کو کتب کی طرح مستقل ذریعہ تبلیغ باور نہیں کیا جاتا لیکن یہ اہتمام عرب ممالک میں دیکھنے میں آیا کہ وہاں تصنیفات کے ساتھ کیسٹس کو بھی مستقل حیثیت دی جاتی ہے ۔ چنانچہ عربی علماء کے تذکروں میں تصنیفات کی تعداد اور ان پر تبصرے کے ساتھ کیسٹوں کی تعداد کا بھی ذکر ملتا ہے ۔

واقعتا کیسٹ بھی ایک مؤثر ذریعہ تبلیغ ہے جس کے فوائد بعض اعتبارات سے کتب سے بھی زیادہ ہیں۔انسان کا لب ولہجہ اور طرزِ تکلم بات میں خاص تاثیر اور تنظیم پیدا کر دیتا ہے ، اسی طرح انسان کی آواز سے روحانی تعلق بھی سامعین پر اچھا اثر ڈالتا ہے ۔ لمبے سفروں میں جبکہ آنکھیں دیکھنے میں مشغول ہوں، کیسٹوں کے ذریعے سماعت سے فائدہ اٹھا کر وقت کا بہتر استعمال کیا جا سکتا ہے ۔ یہی وجہ ہے کہ جدید سے جدید وسائل آ جانے کے باوجود صوتی کیسٹ کی اہمیت آج بھی کم نہیں ہوئی بلکہ روز افزوں ہے ۔ ہمارے علماء کو بھی اس کی اہمت تسلیم کر کے اسے تبلیغ کیلئے استعمال میں لانا چاہیے !

لئے ہمہ تن گوش ہو جاتے ۔ آپ کے شاگرد آپ کی محبت اور احترام میں ڈوبے رہتے۔ شمع حق کے یہ پروانے جہاں بھی جاتے ،ان کی زبانیں شیخنا، شیخنا کا ورد کئے رکھتیں ۔ یہ درست ہے کہ آپ کے فکر نے نوجوان طبقہ کو زیادہ متاثر کیا اور نوجوانوں نے اپنی سرشت کے مطابق اس دعوت میں جوش وجذبہ کا رنگ بھر دیا لیکن میں بڑے خلوص سے یہ سمجھتا ہوں کہ نوجوانوں کے متاثر ہونے کی وجہ آپ کے فکر کا سادہ پن اور ردوٹوک استدلال تھا، جو بغیر کسی لگی لپٹی کے باطل کے خلاف سرگرم اور حق کے میدان میں حق کا ہم نوا ہو جاتا۔ نوجوانوں نے بھی اپنے خلوص کی بدولت اس دعوت کو قبول کیا۔

شیخ البانی کی دعوت ٹھوس علمی بنیادوں پر قائم تھی جس میں باریک نکات ،دقیق استدلال اور وسیع النظری جھلکتی تھی۔ نوجوانوں کے جوش وجذبہ کو متوازن کرنے کے لیے شیخ کی بے شمار تقاریر ریکارڈ پر ہیں۔ آپ کے فکر کا اعتدال ،دعوت کا توازن اور مثبت اسلوب بیان ان تقاریر میں بہ کثرت موجود ہے۔

جس منہج دعوت اور منہج تحقیق کو شیخ البانی نے اپنایا ،یوں تو اس کی تفصیلات اور کامل ترجمانی بڑے وسیع تجزیے اور گہرے غوروفکری کی متقاضی ہے لیکن آپ اکثر اپنی تقاریر میں اپنے منہج کو دولفظوں سے بیان فرمایا کرتے : التصفیۃ والتربیۃ ، التصفیۃ سے آپ کی مراد یہ ہے کہ عوام الناس کو خالص اور صاف ستھرے اسلام کی دعوت دی جائے ،اسلام سے وہ اس جھاڑ جھنکار کو دور کر دیا جائے جو ابتداء زمانہ نفسانی خواہشات اور دیگر بہت سی وجوہات سے اس میں شامل کر لئے گئے ہیں۔ دوسرے لفظوں میں بدعات اور شخصی وعلاقائی نسبتوں اور جماعتوں کو ختم کر کے اس واضح سیدھے اور کھرے اسلام کی طرف امتِ مسلمہ کو بلانا جو نبی اکرم اور آپ کے صحابہ کرام نے اُمت کے لیے چھوڑا تھا ،مسلمانوں کو شریعت کے حصول کے لیے صرف اور صرف قرآن وسنت کی طرف متوجہ رہنے کی دعوت دینا۔اسی مقصد کے لیے آپ نے احادیث پر بیش قیمت تحقیقی کام کر کے ضعیف احادیث کو صحیح احادیث کے مجموعے سے جدا کرنے کی عظیم کاوش اور خدمت انجام دی۔ اس منہج کا دوسرا لفظ التربیۃ ہے جس کا مطلب یہ ہے کہ علمی اور فکری بنیاد مہیا کرنے کے بعد اس منہج پر چلنے کی ان کو عملی تربیت دینا اور مسلمانوں کو اس کا عادی بنا دینا۔علمی مسائل پر ان کے رویہ اور رجحانات کی درست بنیادوں پر تشکیل کرنا۔

شیخ البانی کی دعوت کس حدتک کامیاب رہی ،اس کے کیا اثرات ہوئے اور فکری حلقوں نے اس کو کس نظر سے دیکھا، ان چیزوں کا مطالعہ مستقل مضامین کا تقاضا کرتا ہے۔ مجملاً ہم یہ بات جانتے ہیں کہ آپ کی خدمات نے علومِ اسلامیہ بالخصوص علمِ حدیث وسنت میں انقلاب خیز اثرات پیدا کئے اور علماءِ امت نے اس باب میں آپ کو امامِ فن تسلیم کیا۔

آپ کی دعوت کی قبولیت کیونکر اس قدر وسیع اور جلد ہوئی اور آپ کی تحقیقی خدمات سے استفادہ کیونکر محققین کے لیے ضروری ٹھہرا، آپ کو امت میں قبولیتِ عامہ کا شرف کیونکر حاصل ہوا؟ ان باتوں پر ہمارا نقطہ نظر یہ ہے کہ حدیثِ نبویؐ کا یہ اعجاز ہے کہ جو آدمی اس مبارک کام میں مشغول ہوجاتا ہے، امت میں اس سے محبت اور مانوسیت پھیل جاتی ہے اور امتِ مسلمہ کے لیے وہ شخصیت اجنبی نہیں رہتی۔ نبی اکرمؐ کی یہ دعا ایسے ہی با سعادت شخص کے لئے ہے

نضّر الله امرأً سمع مقالتی فوعاها وحفظها وبلّغها (سنن الترمذی)

''اللہ تعالیٰ اس بندے کو تروتازہ رکھے جس نے میری حدیث سنی، اسے محفوظ کرلیا، اسے یاد کیا اور آگے پہنچایا''

نبی اکرمؐ سے امت کی محبت کا ثمرہ یہ ہے کہ آپ کی ہر بات کو امت سے سنتی اور یہ باتیں سنانے والے کو سر آنکھوں پر بٹھاتی ہے۔ ضرورت صرف اس بات کی ہے کہ سنانے والا شخص اپنا خلوص اور اس مبارک مشن سے اپنا ذوق وشوق ثابت کر دے۔ شیخ البانی کا تو مشن ہی یہ تھا کہ آپ اقوالِ نبویہ کو نکھار کر پیش کر دیں اور نبی اکرمﷺ کے نام سے جاری بدعات کی آلائشوں سے دین حنیف کو پاک کر دیں۔ اس امتیازی خدمت کی بنا پر ہی آپ کی دعوت کو مقبولیت اور شخصیت کو محبوبیتِ فراواں عطا آئی۔ آپ کی خدمات کو اگر اختصار سے بیان کریں تو محی السنۃ (سنت کو زندہ کرنے والا) اور قامع البدعۃ (بدعت کو مٹانے والا) کے القاب آپ کی ذاتِ گرامی پر صادق آتے ہیں۔ حدیثِ نبویؐ کو آپ نے اپنی علمی و فکری کاوشوں کا محور بنایا۔

آپ کی تحقیقی خدمات کے اس قدر جلد پھیل جانے کی ایک وجہ یہ بھی ہے کہ آپ نے اپنا اکثر کام امہاتُ الکتب پر انجام دیا ہے۔ آپ کی اکثر خدمات اُصول ومصادر کی کتب پر تحقیقات وتعلیقات اور حواشی واضافہ جات کی صورت میں ہیں۔ یہ کتب پہلے ہی ہر اہل علم کی ضرورت تھیں، آپ کے مفید اضافہ جات اور تخریجات نے ان کی افادیت دو چند کر دی چنانچہ ان کتب کے ان ایڈیشنوں کی مانگ بہت بڑھ گئی جن پر آپ نے بھی مزید کام انجام دیا تھا۔ آپ کی دعوت کی مقبولیت کی اور بھی وجوہات ہیں جن میں واضح اسلوب بیان، دوٹوک طرزِ استدلال، وسیع النظری اور دوراندیشی، غیر متعصبانہ روش اور محققانہ طرزِ تحریر وغیرہ نمایاں ہیں۔

جیسا کہ پہلے گزر چکا ہے کہ شیخ البانی کا تعلیم وتدریس پر فائز رہنا اولی الامر کو راس نہ آسکا، آپ کے باقاعدہ تلامذہ کی تعداد انگلیوں پر گنی جاسکتی ہے جو انفرادی طور پر آپ سے استفادہ کرتے رہے۔ آپ کے اکثر تلامذہ اس دور کے ہیں، جب مدینہ یونیورسٹی میں علومِ حدیث کی یہ شمع فروزاں تھی۔ اس دور میں مدینہ یونیورسٹی میں آنے جانے والے حضرات کی چشم دید گواہی یہ ہے کہ آپ جامعہ میں داخل

ہوتے تو آپ کی گاڑی کتابوں اور شائقین طلبہ کے بیگوں سے لدی ہوتی ۔ مدینہ یونیورسٹی میں اور اس کے بالغ دیگر مؤسسات علمیہ میں علم الاسناد کا مخصوص سبق اور اس کی روایت آپ نے شروع فرمائی۔ پیریڈوں کے درمیانی وقفہ میں طلبہ آپ کو گھیر لیا کرتے اور طالبانِ علومِ نبوت کا یہ ذوقِ شوق ائمہ محدثین کے دور کی یاد تازہ کردیتا۔

مدینہ منورہ سے ہجرت کے بعد آپ کے فیض عام کا کوئی با قاعدہ سلسلہ قائم نہ ہوسکا۔ اس عرصے میں بعض اُردنی نوجوانوں نے انفرادی طور پر آپ کے ساتھ علمی معاونت کے بہانے آپ سے فیض حاصل کیا ۔ آپ کی دعوت دراصل کتب اور بیش قیمت تحقیقی کام کے سہارے پھیلی ۔ آپ سے متاثر لوگ آپ سے ملاقات کے لئے تشریف لایا کرتے لیکن شیخ نے ملاقات برائے ملاقات کا مشغلہ موقوف کر رکھا تھا۔ اگر کوئی با مقصد ملاقات یعنی علمی مذاکرہ کی صورت ہوتی تو آپ اجازت مرحمت فرما دیا کرتے وگرنہ اپنے اوقات کو اس سے بہتر مصرف میں استعمال کرتے ۔

گذشتہ برس عمان میں آپ کے حلقہ میں اتنے بیٹھنے کا موقعہ ملا جو یوں تو ہزاروں سے متجاوز ہے لیکن پابندیوں کی بنا پر منتشر اور غیر مربوط ہے، یہ لوگ آپ کی ملاقات کے خوب مشتاق پائے گئے ۔ وہاں وہی سماں نظر آیا جو نبی اکرمﷺ کے صحابہ کے بارے میں حدیث میں ملتا ہے کہ صحابہ کو کثرتِ سوال سے منع کر دیا گیا تو صحابہ کسی بدو یا اجنبی کی آمد کے منتظر رہا کرتے کہ وہ آئے تو لسانِ نبوتؐ سے ہم بھی فیض یاب ہوسکیں اور اپنے شوق و ذوق کو تسکین دے سکیں ۔ مدیر اعلٰی محدث جب اُردن پہنچے تو ان نوجوانوں کے چہرے پر مسرت کے آثار نمایاں ہو گئے کہ اس بہانے شیخ الالبانی کی باتیں سننے اور ان سے ملاقات کرنے کا موقع ملے گا۔ شیخ الالبانی کا کمال تواضع اور لطف و کرم کہ انہوں نے بار بار شرفِ ملاقات دیا۔ مجھے خوب یاد ہے کہ ان ملاقاتوں میں ہر شخص اس توسط سے شیخ سے ملاقات کو بیتاب نظر آتا۔

یوں تو تذکرے اور باتیں اس قدر زیادہ ہیں کہ حکایت طویل سے طویل تر ہو جائے اور شوق و ذوق کم نہ ہو لیکن اِنہی پر اکتفا کیا جاتا ہے ۔ باقی مضامین بھی ایسی ہی معلومات پر مشتمل ہیں جن میں حقائق و وقائع کی زبانی شیخ پر لکھا گیا ہے ۔ شیخ کی کثیر الجہت شخصیت کے بارے میں یہ چند مضامین تو سورج کو چراغ دکھانے کے مترادف ہیں ۔ ضرورت اس امر کی تھی کہ آپ کی دعوت اور شیخ ،تصانیف و مقالات اور اس کی دورِ معاصر میں اثر پذیری پر معروف اہل علم سے مقالات تحریر کروائے جاتے کہ فکر اور خدمات ہی وہ اصل جوہر ہیں جو شخصیت کے چلے جانے کے بعد بھی تا قیامت باقی رہتے ہیں ۔

محدث کے اس شمارے کے مضامین بڑی جلدی میں معروف علماء سے رابطے کرکے لکھوائے گئے ہیں ۔ جس میں زیادہ تر آپ کی شخصیت او روفات پر تاثرات وغیرہ ہی لکھے جا سکے ہیں۔ ہم فردا فردا ان سب علماء کے شکر گزار ہیں کہ انہوں نے اس قلیل مدت میں ہمارے تقاضے پر یہ مضامین تحریر

فرمائے۔اس سلسلے میں ابھی بہت کچھ لکھنے کی گنجائش موجود ہے لیکن مناسب وقت میسر نہ آنے ،حال ہی میں سود نمبر سے فراغت ملنے اور دیگر علمی مصروفیات کی وجہ سے اسی پر اکتفا کیا جاتا ہے۔

شیخ الالبانی کے سانحۂ ارتحال پر جب ارباب صحافت (دینی واخباری ہر دو) کی بے پروائی دیکھی اور لوگوں میں بہت کچھ جاننے کا داعیہ پایا تو محدث کے لئے چند مضامین لکھوانے کا پروگرام بنا۔اس اعتبار سے یہ مخصوص شمارہ شیخ کی وفات پر تاثراتی اور تعارفی نوعیت کے مضامین پر ہی مشتمل ہے ، جہاں تک اس موضوع پر تحقیقی اور علمی مضامین کا تعلق ہے تو اس کی تیاری میں امکانی تاخیر کی بنا پر فوری طور پر اس کو ہی شائع کرنے کا پروگرام بنا۔ادارۂ محدث کی ارباب علم وذوق اور ذمہ داران جرائد ودیہ سے گزارش ہے کہ وہ اس موضوع پر کام کر دائیں کیونکہ شیخ الالبانی کی شخصیت اور خدمات ایسی نہیں جنہیں دوسروں کے مثل قرار دے کر آسانی سے نظر انداز کر دیا جائے۔سعودی عرب کے نامور عالم اور حال ہی میں وفات پانے والے مفتی اعظم شیخ ابن باز کا آپ کے بارے میں قول قابل توجہ ہے کہ

''اللہ تعالیٰ ہر صدی میں احیائے دین کے لیے ایک مجدد بھیجا کرتا ہے، شیخ الالبانی اس صدی کے مجدد ہیں......علم حدیث میں فی زمانہ آپ کا مثل کوئی نہیں ہے''

دیگر علماءِ اجلہ کے تاثرات بھی آئندہ صفحات پر قابل ملاحظہ ہیں۔

علماء کے شیخ الالبانی کے بارے میں تاثرات اور آراء کا مطالعہ کیا جائے تو اندازہ ہوتا ہے کہ آپ یگانہ روزگار محدث جلیل تھے ۔ آپ کی شخصیت وجاہت اور وقار کی تصویر ،سادگی اور اپنائیت کا مرقع اور اخلاق کریمانہ سے متصف تھی ۔آپ اللہ کے لیے ہر دم صابر وشاکر رہنے والے، اس کے بندوں کے سامنے برتری کے اظہار سے نفرت کرنے والے تھے ۔اس قدر ممتاز علمی مقام رکھنے کے باوجود ہر طرح کے فخر و تکبر سے بالکل کنارہ کش رہتے ۔

غرض آپ کی شخصیت عوام کے لیے مثال اور خواص ِعلماء کے لیے قدوہ کی حیثیت رکھتی تھی ۔ آپ کی وفات پر علم کا ہر شیدائی جدائی کی ایک تڑپ اور کسک دل میں محسوس کرتا ہے ۔ادارۂ محدث ،اپنے قارئین کے ہمراہ ،ادارۂ محدث سے ضلکہ جامعہ لاہور الاسلامیہ (رحمانیہ) کے تمام ذمہ داران ،اساتذہ اور طلبہ اور بے شمار طلباءِ علم کے متوالے آپ کے لیے دعا گو ہیں کہ اللہ آپ کی خدمات کو قبول فرمائے ، آپ کو بلند درجات نصیب فرمائے جس نبی کے اقوال کی تمام زندگی آپ حفاظت کا فریضہ انجام دیتے رہے ،اس کی ہمراہی آپ کو اور ہمیں نصیب فرمائے ، آپ کے کمالات سے درگزر فرمائے اور امت کو آپ ایسے اہل علم عطا فرمائے ۔ آپ کی وفات حسرت آیات اور شیخ ابن باز کے چند ماہ قبل سانحۂ ارتحال سے طبقہ علماء ایک لحاظ سے یتیم نظر آتا ہے ،اللہ تعالیٰ اس خلاء کو پر فرمائے اور ہم سب کو دین حقہ کی خدمت کی توفیق دے اور آخرت کی کامیابی سے سرفراز فرمائے ۔آمین! ☆ (حافظ حسن مدنی)

موت العالِم موت العالَم

شیخ البانیؒ اپنے ہم عصر علماءِ امت کی نظر میں!

شیخ البانی رحمہ اللہ کو اپنے ہم عصر علماءِ امت میں ممتاز مقام حاصل تھا، ان میں سے چند ایک کے آپ کے متعلق تاثرات ملاحظہ فرمائیں:

(۱) شیخ ابن باز رحمہ اللہ (سابق مفتی اعظم سعودی عرب)

"ما رأیت تحت أدیم السماء عالما بالحدیث فی العصر الحدیث مثل العلامة محمد ناصر الدین الألبانی" ''میں نے اس زمانے میں روئے زمین پر علامہ محمد ناصر الدین البانی جیسا محدث نہیں دیکھا''

اور حدیثِ رسول ﷺ "إن اللہ لیبعث لهذہ الأمة علی رأس کل مائة سنة من یجدد لها دینها" (اللہ تعالیٰ ہر سو سال کے شروع میں ایک ایسے شخص کو اس امت میں پیدا کرے گا جو اس کے دین کا مجدد ہوگا) کے متعلق شیخ ابن باز رحمہ اللہ سے پوچھا گیا کہ اس صدی کا مجدد کون ہے؟ تو آپ نے جواباً فرمایا: ''شیخ محمد ناصر الدین البانی اس صدی کے مجدد ہیں''

(۲) شیخ محمد مقبل الوادعیؒ (یمن)

''علم حدیث میں شیخ ناصر الدین البانی جیسا کوئی نہیں، اور اللہ نے آپ کے علم اور آپ کی کتب کے ذریعے بہت زیادہ فائدہ پہنچایا ہے، اور مجھے یقین ہے کہ آپ ان مجددین میں سے ایک ہیں جن پر رسول اللہ ﷺ کا یہ فرمان صادق آتا ہے: ''اللہ تعالیٰ ہر سو سال کے شروع میں امت میں ایسے شخص کو پیدا کرے گا جو اس کے دین کا مجدد ہوگا''

(۳) الشیخ عبدالصمد شرف الدینؒ (ہندوستان)

''شیخ البانی اس صدی کے سب سے بڑے محدث ہیں''

(۴) شیخ محمد امین شنقیطیؒ (صاحبِ تفسیر اضواء البیان، عربی)

شیخ شنقیطیؒ شیخ البانی کا بہت زیادہ احترام کیا کرتے تھے، اور آپ جب مسجد نبوی میں درس دے رہے ہوتے اور وہاں سے شیخ البانیؒ کا گذر ہوتا تو اپنا درس روک کر کھڑے ہو جاتے اور ان کو سلام کرتے

(۵) شیخ ابن عثیمین حفظہ اللہ (سعودی عرب کی محترم ترین علمی شخصیت اور مفتی)

''شیخ البانی سے میری ملاقات ہوئی تو مجھے معلوم ہوا کہ آپ حدیث پر عمل کرنے اور بدعت کے خلاف جنگ کرنے پر کافی مشابہ ہیں، اور جہاں تک آپ کی مؤلفات کا تعلق ہے تو معلوم ہوتا ہے کہ آپ علم حدیث کے ماہر ہیں، اور ان کے ذریعے اللہ تعالیٰ نے بہت سارے لوگوں کو نفع پہنچایا ہے''

غازی عزیر

علوم حدیث نبویﷺ کے درخشندہ ستارے کا غروب!

علامہ محمد ناصر الدین الالبانیؒ ......شخصیت اور گراں قدر خدمات

شیخ محمد ناصر الدین الالبانی رحمہ اللہ کو ان کے علمی مشاغل نے کبھی اتنی مہلت نہ دی کہ وہ خود اپنی سوانح لکھ پاتے، البتہ ان کے بعض تلامذہ (مثلاً شیخ مجذوب، شیخ علی خشان اور شیخ محمد عید عباسی وغیرہم) نے "موجزۃ عن حیاۃ الشیخ ناصر الدین" کے عنوان سے آپ کا ترجمہ لکھا ہے، ان کے علاوہ شیخ محمد بن ابراہیم شیبانی نے "حیاۃ الألبانی و آثارہ و ثناء العلمہ علیہ" نامی ترجمہ لکھا جو ۹۲۹ صفحات پر محیط ہے اور ۱۴۰۷ھ میں الدار السلفیہ (کویت) سے شائع ہو چکا ہے۔

یہاں یہ واضح کرنا بھی ضروری محسوس ہوتا ہے کہ محدث جلیل کی پیش نظر سوانح حیات (جسے محدثین کی اصطلاح میں ترجمہ کہتے ہیں) کوئی بدعت نہیں ہے بلکہ شیوخ کبار کے تراجم، ان کے مناقب و آثار کو جمع کرنا سلف و صالحین اور محدثین کی عادت رہی ہے چنانچہ ہم دیکھتے ہیں کہ امام ابن جوزیؒ نے "مشیخۃ" میں، امام ذہبیؒ نے اپنے "تاریخ" میں (امام احمد کا ترجمہ)، امام ابن کثیرؒ نے "البدایۃ والنہایۃ" میں، بزازؒ نے "الأعلام العلیۃ فی مناقب شیخ الاسلام ابن تیمیۃ" میں، ابن ناصر دمشقی نے "الرد الوافر فی الانتصار لشیخ الاسلام" اور "الرد علی العلا البخاری فی إفراد اتہ وأضالیلہ" میں، ابن قیمؒ نے (شیخ الاسلام ابن تیمیہؒ کا ترجمہ) اور سیوطیؒ و سخاوی وغیرہما نے امام نوویؒ وغیرہ کے تراجم مرتب کئے ہیں۔

اس سوانحی خاکہ میں راقم نے کوشش کی ہے کہ محدث شام کے حالات زندگی کے تمام گوشے قدرے تفصیل سے بیان کئے جائیں تاکہ آپ کی زندگی، آپ کی جدوجہد، آپ کا انہماک، آپ کی جستجو، سنت نبوی سے آپ کی محبت اور اس راہ میں آنے والے مصائب پر آپ کا صبر موجودہ اور آنے والی نسلوں کے لئے، اسوۂ مثال بلکہ اصول نمونہ اور مشعل راہ بن سکے۔

(مرتب)

شیخ الالبانیؒ کی شخصیت کسی تعارف کی محتاج نہیں ہے، آپ کی زندگی ایک عملی کتاب کی مانند ہے۔ آپ اپنی دینی خدمات، بے نظیر تالیفات، مقالات، تحقیقات، تخریجات اور دروس کی بنا پر عالم اسلام کے گوشہ گوشہ میں معروف ہیں۔ آپ کو حدیث نبوی، رجال اور اسانید پر مکمل عبور حاصل تھا۔ آپ نے جس انداز پر دین کی بے لوث خدمات انجام دی ہے وہ لائق تحسین ہے۔ ماضی قریب میں علم حدیث کے فنون میں آپ کا کوئی ہمسر اور ثانی نظر نہیں آتا۔ حق گوئی، راست بازی اور بے باکی آپ کا امتیازی وصف تھا۔ حکومت اور اشخاص کی خوشامد اور چاپلوسی سے آپ کو شدید نفرت تھی یہی وجہ ہے کہ حسن اخلاق کے اس عظیم پیکر کو اپنے وطن مالوف اور دوسری جگہوں کو احقاق حق اور ابطال باطل کے

لئے خیر باد کہنا پڑا۔ محدث موصوف جہاں بھی جاتے وہاں کے بعض مخصوص ذہنیت اور عقیدے کے حامل افراد آپ سے خوفزدہ ہوجاتے اور سینکڑوں کتابوں کے اس مصنف و محقق کو اپنی راہ کا کانٹا تصور کرتے تھے۔ آپ کے محاضرات و بیانات، خطابات و ملاقات اور کیسٹوں پر سخت پہرہ بٹھانے کے باوجود بھی آپ اپنے دعوتی مشن میں ہمہ وقت و ہمہ تن مصروف عمل رہے۔ جزاہ اللہ اَحسن الجزاء

اب اس بطل جلیل کی زندگی کے مختلف گوشوں پر ذرا تفصیلی گفتگو ملاحظہ فرمائیں:

مولد، مسکن اور ہجرت

شیخ محمد ناصرالدین کی ولادت 1914ء میں الالبانیہ کے دارالسلطنت 'اشقودرہ' میں ہوئی تھی۔ آپ کا گھرانہ غریب ہونے کے باوجود ایک متدین اور علمی گھرانہ تھا۔ آپ کے والد الحاج نوح نجاتی الالبانی ایک حنفی عالم تھے اور دولتِ عثمانیہ کے دارالسلطنت استانہ (موجودہ استنبول) کو چھوڑ کر اپنے وطن مالوف لوٹ گئے تھے تا کہ وہاں دین کی خدمت کر سکیں اور اپنے دروس و تقاریر سے وہاں کے لوگوں کو دین کی تعلیم دے سکیں۔ جلد ہی وہ وہاں مرجع خلائق بن گئے تھے۔ لیکن جب ملک احمد زوغو نے البانیہ کا اقتدار سنبھالا تو پورے وطن پر بے دین لوگ قابض ہوگئے تھے، رفتہ رفتہ مغربیت کی ترویج ہونے لگی، نتیجتاً البانیہ کی خواتین نے حجاب اُتار پھینکا اور مردوں نے بھی یورپی لباس (پتلون وغیرہ) اختیار کر لی۔ جن لوگوں کو اپنا دین عزیز تھا اور وہ اپنی عاقبت کی بدحالی سے خوفزدہ تھے انہوں نے وہاں سے ہجرت کرنا شروع کردی۔ شیخ کے والد نے یہ محسوس کیا کہ وہاں کے حالات رفتہ رفتہ اور بھی بدتر ہو جائیں گے اس لئے انہوں نے اپنی اولاد کو اس فتنہ مغربیت و الحاد سے محفوظ رکھنے کی خاطر ملک شام کی طرف ہجرت کی اور دمشق کو اپنا مسکن بنایا۔

تعلیم و تربیت

شیخ محمد ناصرالدین نے اپنی ابتدائی تعلیم دمشق کے مدرسۃ الاسعاف الخیریۃ الابتدائیۃ میں شروع کی۔ دوران تعلیم مدرسہ میں آگ لگ جانے کے باعث آپ سوق ساروجہ کے ایک دوسرے مدرسہ میں منتقل ہوگئے تھے۔ چونکہ آپ کے والد دینی اعتبار سے دینی تعلیم کے مروجہ نظام سے مطمئن نہ تھے لہٰذا انہوں نے شیخ کی مدرسہ میں تعلیم کی عدم تکمیل کا فیصلہ کیا اور خود ان کے لئے ایک تعلیمی پروگرام وضع کیا جو بنیادی طور پر تعلیم قرآن، تجوید، صرف اور فقہ حنفی پر مرکوز تھا۔

شیخ نے بعض علومِ ریاضیہ اور عربی کی تعلیم اپنے والد کے بعض رفقا (جن کا شمار اس وقت کے شیوخ میں ہوتا تھا) سے بھی حاصل کی۔ ان شیوخ میں سے شیخ سعید برہانی سے آپ نے ''مراقی الفلاح''

اور علومِ بلاغت کی بعض جدید کتب پڑھی تھیں ۔ آپ نے اپنے زمانہ میں حلب کے مشہور مؤرخ علامہ شیخ راغب طباخؒ سے ان کی جمیع مرویات کی 'اجازۃ فی الحدیث' حاصل کی تھی۔ استاذ محمد المبارک شیخ کو علامہ راغب طباخ کے پاس لے کر گئے تھے اور ان سے شیخ کے علومِ حدیث میں ذوق و شوق اور مہارت کو بیان کیا تھا جس پر علامہ راغبؒ نے آپ کا امتحان لیا اور انہیں ویسا ہی پایا تھا جیسا کہ استاذ محمد المبارکؒ نے بیان کیا تھا۔ چنانچہ علامہ راغبؒ نے تقدیراً و اعترافاً اپنی کتاب "الأنوار الجلیۃ فی مختصر الأثبات الحلبیۃ" پر اپنی مہر کے ساتھ اپنے مشائخ کی اجازۃ ثبت کرکے اپنی جانب سے بھی انہیں اجازۃ سے سرفراز فرمایا تھا۔

علم حدیث کی طرف آپ کی توجہ اور اس کا اہتمام

شیخ محمد ناصرالدینؒ بیس سال کی عمر میں مجلّۃ المنار میں شائع ہونے والی بحث سے متاثر ہو کر علم حدیث کی طرف متوجہ ہوئے تھے ۔ یہ مجلّہ شیخ محمد رشید رضا کی زیر ادارت شائع ہوتا تھا۔ شیخ محمد مجذوب اپنی کتاب "علماء و مفکرون" میں شیخ سے نقل کرتے ہیں

".......شیخ سید رشید رضا کو ان لوگوں میں سب سے زیادہ پر اثر شخص سمجھتے ہیں جنہوں نے انہیں حدیثِ شریف کی تعلیم کی طرف متوجہ کیا تھا"

سید رشید رضا کے ساتھ شیخ کے اس علمی تعلق کو بیان کرنے کے بعد شیخ مجذوب آپ سے روایت کرتے ہوئے مزید لکھتے ہیں:

"میں پہلے عربی قصص، مثلاً ظہیر و عنترۃ اور الملک سیف وغیرہ کے مطالعہ کا شوقین تھا، پھر پولینڈ کے ترجمہ شدہ قصے مثلاً کارین لوبین وغیرہ میری توجہ کا مرکز بنے۔ پھر میں تاریخی واقعات کے مطالعہ کے طرف مائل ہوا۔ اسی دوران میں نے ایک دن اپنے سامنے مجلّۃ 'المنار' کا ایک شمارہ دیکھا۔ اس میں میں نے سید رشید رضا کی قلم سے تحریر شدہ ایک بحث دیکھی جس میں انہوں نے امام غزالی کی کتاب الإحیاء کے اَوصاف، محاسن اور مآخذ کی طرف اشارہ کیا تھا۔ پہلی مرتبہ ایسی کوئی علمی تنقید میری نظر سے گزری تھی جس نے مجھ میں وہ پورا شمارہ پڑھنے کا جذبہ پیدا کیا۔ پھر میں نے چاہا کہ اس موضوع پر مزید چھان بین کی جائے، چنانچہ حافظ عراقی کی تخریج الإحیلۃ دیکھی مگر اس کو خریدنے کی استطاعت نہ رکھنے کے باعث اس کو کرایہ پر لے لیا۔ جب میں نے اس کتاب کو پڑھا تو اس دقیق تخریج نے مجھے اس بات پر اُبھارا کہ اس کو نقل کرلوں۔ میں نے اس کے لئے کافی جدوجہد کی ۔ اس طرح مجھے ان معلومات کو ٹھیک طریقہ پر جمع کرنے کا سلیقہ آ گیا۔ میں سمجھتا ہوں کہ اس کام میں جو جدوجہد میں نے کی ، اس نے میری ہمت افزائی کی اور اس راہ میں آگے قدم بڑھانا میرے لئے پسندیدہ اور مرغوب امر بن گیا۔ نصوص کو سمجھنے اور ان کی تخریج

کے لئے میں نے لغت، بلاغت اور غریب الحدیث کی بعض مؤلفات سے بھی مدد لی تھی۔"

شیخ رحمہ اللہ اپنے متعلق خود بیان کرتے ہیں کہ

"بے شک اللہ تعالیٰ نے مجھے بے شمار نعمتوں سے نوازا ہے مگر ان میں سے دو نعمتیں میرے نزدیک بہت اہم ہیں۔ پہلی، ملک شام کی طرف میرے والد کی ہجرت کیونکہ اگر ہم البانیہ ہی میں رہتے تو عربی نہ سیکھتے جبکہ کتاب اللہ و سنت رسول اللہ ﷺ کو سیکھنے و سمجھنے کے لئے عربی زبان کے سوا کوئی دوسرا ذریعہ نہیں ہے۔ اور دوسری نعمت: میرے والد کا مجھے گھڑیوں کی مرمت کرنے کا ہنر سکھانا ہے۔.........اوائل شباب میں میں نے یہ ہنر سیکھا تھا ساتھ ہی ہر دن میں علم الحدیث کو بھی سیکھنے کے لئے وقت نکالا تھا۔ منگل اور جمعہ کے سوا میں ہر دن تین گھنٹے گھڑیوں کی مرمت کرتا اور اس کے ذریعہ اپنے اور اہل و عیال کے لئے ضروریاتِ زندگی کماتا تھا۔ باقی وقت میں سے ہر دن چھ سے آٹھ گھنٹے طلبِ علم، تالیف، کتبِ حدیث، بالخصوص المکتبۃ الظاہریۃ میں موجود مخطوطات کے مطالعہ میں گزارتا تھا۔ جب ظہر، مغرب اور عشاء وغیرہ کی نماز کا وقت ہوتا تو مکتبہ ہی میں موجود مسلمان کے ساتھ نماز پڑھ لیتا تھا۔"

محدث رحمہ اللہ مزید فرماتے ہیں کہ:

"حدیث پر میرا پہلا کام کتاب "المغنی عن حمل الأسفار فی الأسفار فی تخریج ما فی الإحیاء من الأخبار" از حافظ عراقی کا نقل کرنا اور اس پر تعلیقات لکھنا تھا۔ اس کے لئے میں نے ایک پروگرام وضع کیا تھا، مثلاً "الإحیاء" میں ایک حدیث یوں لکھی ہوئی تھی:

"إن العبد لیُنشر له من الثناء ما بین المشرق والمغرب وما یَزِن عند الله جناح بعوضة"   حافظ عراقیؒ نے اس پر تعقباً لکھا ہے:

"وقد نقلتُ منه ولکنی لم أجده هکذا، وفی الصحیحین من حدیث أبی هریرة: إنه لیأتی الرجل السمین العظیم یوم القیمة لا یزن عند الله جناح بعوضة"

میں نے یہ کیا کہ "صحیحین کی اس حدیث کو مکمل کیا اور اضافہ کو اصل کتاب سے نقل کیا۔ اس دن سے حدیث میرے مطالعہ کا عنوان بن گئی۔ جو چیزیں میرے لئے خور و فکر کا مرکز ہوتیں انہیں میں توسیع کے مابین لکھ لیا کرتا تھا۔ جب میں پہلی جلد کا نصف حصہ مکمل کر چکا تو ایک مرتبہ میں نے محسوس کیا کہ احادیث کے اپنے اس عمل کے دوران مجھے بہت سے ایسے الفاظ سے سابقہ پڑا ہے جن کے متعلق مجھے تفقہ حاصل نہ تھا۔ بعض أوقات تو پوری حدیث کا معنی و مراد ہی میرے لئے واضح نہ ہوتی تھی۔ میں نے سوچا کہ کیوں نہ میں ان تمام الفاظ کی شرح بھی حاشیہ پر درج کر لوں تا کہ وہ میرے لئے تذکرہ (یادداشت) بن جائے اور فہم حدیث میں معاون ہو۔ چنانچہ از سرِ نو میں نے کتاب شروع کی اور جس مغلق کلمہ پر میرا گزر ہوتا، اس کو میں غریب الحدیث لابن اثیر اور قاموس کی مدد سے حل کرتا اور حاشیہ پر اس کا معنی لکھ لیتا تھا یہاں تک کہ

کے لئے میں نے لغت، بلاغت اور غریب الحدیث کی بعض مؤلفات سے بھی مدد لی تھی۔''

شیخ رحمہ اللہ اپنے متعلق خود بیان کرتے ہیں کہ

''بے شک اللہ تعالیٰ نے مجھے بے شمار نعمتوں سے نوازا ہے مگر ان میں سے دو نعمتیں میرے نزدیک بہت اہم ہیں۔ پہلی، ملک شام کی طرف میرے والد کی ہجرت کیونکہ اگر ہم البانیہ ہی میں رہتے تو عربی نہ سیکھتے جبکہ کتاب اللہ وسنت رسول اللہ ﷺ کو سیکھنے و سمجھنے کے لئے عربی زبان کے سوا کوئی دوسرا ذریعہ نہیں ہے۔ اور دوسری نعمت: میرے والد کا مجھے گھڑیوں کی مرمت کرنے کا ہنر سکھانا ہے۔۔۔۔۔۔۔۔۔ اوائل شباب میں میں نے یہ ہنر سیکھا تھا لیکن ساتھ ہی ہر دن میں علم حدیث کو بھی سیکھنے کے لئے وقت نکالتا تھا۔ منگل اور جمعہ کے سوا میں ہر دن تین گھنٹے گھڑیوں کی مرمت کرتا اور اس کے ذریعہ اپنے اور اہل و عیال کے لئے ضروریات زندگی کماتا تھا۔ باقی وقت میں سے ہر دن چھ سے آٹھ گھنٹے طلبِ علم، تالیف، کتبِ حدیث، بالخصوص المکتبۃ الظاہریۃ میں موجود مخطوطات کے مطالعہ میں گزارتا تھا۔ جب ظہر، مغرب اور عشاء وغیرہ کی نماز کا وقت ہوتا تو مکتبہ ہی میں موجود مسلمان کے ساتھ نماز پڑھ لیتا تھا۔''

محدث رحمہ اللہ مزید فرماتے ہیں کہ:

''حدیث پر میرا پہلا کام کتاب ''المغنی عن حمل الأسفار فی الأسفار فی تخریج ما فی الإحیاء من الأخبار'' از حافظ عراقی کا نقل کرنا اور اس پر تعلیقات لکھتا تھا۔ اس کے لئے میں نے ایک پروگرام وضع کیا تھا، مثلًا ''الإحیاء'' میں ایک حدیث یوں لکھی ہوئی تھی:

''إن العبد لَیُنشر له من الثناء ما بین المشرق والمغرب وما یَزِن عند الله جناح بعوضة''   حافظ عراقیؒ نے اس پر تعقبًا لکھا ہے:

''وقد نقلتُ منه ولکنی لم أجده هکذا، وفی الصحیحین من حدیث أبی هریرة: إنه لیأتی الرجل السمین العظیم یوم القیمة لا یزن عند الله جناح بعوضة''

میں نے یہ کیا کہ ''صحیحین'' کی اس حدیث کو مکمل کیا اور اضافہ کو اصل کتاب سے نقل کیا۔ اس دن سے حدیث میرے مطالعہ کا عنوان بن گئی۔ جو چیزیں میرے لئے غور و فکر کا مرکز ہوتیں انہیں میں قوسین کے مابین لکھ لیا کرتا تھا۔ جب میں پہلی جلد کا نصف حصہ مکمل کر چکا تو ایک مرتبہ میں نے محسوس کیا کہ احادیث کے اپنے اس عمل کے دوران مجھے بہت سے ایسے الفاظ سے سابقہ پڑا ہے جن کے متعلق مجھے تلفظ حاصل نہ تھا۔ بعض اوقات تو پوری حدیث کا معنی و مراد ہی میرے لئے واضح نہ ہوتی تھی۔ میں نے سوچا کہ کیوں نہ میں ان تمام الفاظ کی شرح بھی حاشیہ پر درج کر لوں تا کہ وہ میرے لئے تذکرہ (یادداشت) بن جائے اور فہم حدیث میں معاون ہو۔ چنانچہ از سرِ نو میں نے کتاب شروع کی اور جس مغلق کلمہ پر میرا گزر ہوتا، اس کو میں غریب الحدیث لابن اثیر اور قاموس کی مدد سے حل کرتا اور حاشیہ پر اس کا معنی لکھ لیتا تھا یہاں تک کہ

میرے لئے یہ معاملہ آسان ہو گیا اور اس طرح متن سے زیادہ تعلیق کی ضخامت ہو گئی۔ اس طرح یہ کتاب مکمل ہوئی۔ یہ وہ چیز تھی جس نے مجھے سب سے زیادہ نفع پہنچایا۔"

علمِ حدیث میں شیخ رحمہ اللہ کی یہ جدوجہد ان کے لئے خیرِ کبیر کے راستے کھولنے کا سبب بنی اور اس فن میں ان کا اقبال بڑھا۔ سنت کے مطالعہ میں ان کے انہماک اور شدید شغف کو دیکھ کر ان کے والد خوفزدہ ہوتے اور ان سے کہا کرتے تھے: "علم الحدیث صنعۃ المفالیس" (علمِ حدیث تو مفلس لوگوں کا فن ہے) مگر انہوں نے پرواہ نہ کی۔

چونکہ شیخ رحمہ اللہ اپنے والدین اور بھائی بہنوں کے ساتھ رہتے تھے جو ماشاء اللہ ایک بڑا خاندان تھا لہٰذا اکثر جن کتابوں کی انہیں ضرورت ہوتی تھی اور وہ ان کے والد کے ذاتی کتب خانہ میں موجود نہ ہوتی تھیں (جو کہ بیشتر مسلک حنفی کی کتب پر ہی مشتمل تھا) شیخ انہیں خرید نے کی استطاعت بھی نہیں رکھتے تھے، لہٰذا آپ انہیں مکتبہ ظاہریہ میں تلاش کرتے تھے۔ المکتبۃ الظاہریۃ آپ کے لئے ایک نعمت کبریٰ سے کسی طرح کم نہ تھا کیونکہ جن کتابوں کو آپ خرید نہ پاتے تھے ان میں سے اکثر مکتبہ میں مل جاتی تھیں اور آپ کی ضرورت پوری کرتی تھیں۔ کبھی کبھی بعض تجارتی کتب خانے بھی آپ کی اس طرح مدد کر دیتے تھے کہ آپ کو مطلوبہ کتب بطورِ استعارہ، غیر محدود مدت تک بلا اجرت دے دیتے تھے۔ جب ان کتب کا کوئی خریدار دوکان پر آتا تو وہ شیخ سے کتاب واپس منگوا لیتے۔ ان مالکانِ کتب خانہ میں دمشق کے سید سلیم القصیباتی اور ان کے فرزند عزت نیز المکتبۃ العربیۃ الہاشمیۃ کے اصحاب احمد، حمدی اور توفیق کے اسمائے گرامی قابلِ ذکر ہیں، فجزاہم اللہ

کچھ عرصہ کے بعد شیخ رحمہ اللہ المکتبۃ الظاہریۃ میں بارہ بارہ گھنٹے رہنے لگے۔ اس دوران سوائے اوقاتِ نماز کے آپ کا تمام تر وقت کتبِ حدیث کے مطالعہ، تحقیق اور تعلیق میں گزرتا تھا۔ اکثر اوقات آپ تھوڑا بہت کھانا مکتبہ ہی میں تناول فرمایا کرتے تھے۔ آپ کا یہ انہماک دیکھ کر المکتبۃ الظاہریۃ کی انتظامیہ نے آپ کے لئے ایک کمرہ مخصوص کر دیا تھا۔ جس میں آپ کی ابحاث کے لئے ضروری اُمہاتِ مصادر کو فراہم کر دیا گیا تھا۔ ملازمین مکتبہ سے قبل آپ صبح سویرے ہی اپنے اس مخصوص کمرہ میں آ جاتے تھے اور بیشتر اوقات عشاء کی نماز پڑھ کر ہی وہاں سے گھر جایا کرتے تھے۔ بہت سے ملاقاتی مطالعہ اور تالیف میں آپ کے انہماک کے پیشِ نظر مکتبہ ہی میں آپ سے ملنے جایا کرتے تھے۔ آپ طبیعتاً خوشامدی یا مُجاملت کلمات سے پرہیز کرتے تھے اور اسے ضیاعِ وقت کا سبب سمجھتے تھے۔ جب کوئی شخص آپ سے کوئی سوال پوچھتا تو آپ کتاب پر سے نظر ہٹائے بغیر ہی اس کا مختصر سا جواب دے دیا کرتے تھے۔ استاذ محمد الصباغ کے بقول:

''آپ کی آنکھ بیک وقت کتاب اور سائل دونوں پر ہوا کرتی تھی''

دعوۃ فی سبیل اللہ کی ابتدا

آپ نے اپنی دعوت الی اللہ کے ابتداء مسلک حنفی پر علمی تنقید سے شروع کی۔ آپ کے والد بہت سے مسلکی مسائل میں آپ کے مخالف ہوتے تو آپ ان پر یہ بات واضح کرتے کہ جب کسی مسلمان پر کسی بارے میں کوئی حدیث ثابت ہو جائے تو اس کے لئے ہرگز یہ جائز نہیں ہے کہ رسول اللہ ﷺ کی حدیث پر عمل کو ترک کرے اور یہ کہ یہی منہج امام ابوحنیفہ وغیرہ ائمہ کرام رحمہم اللہ کا بھی تھا۔ (ملاحظہ ہو صفۃ صلاۃ النبی ﷺ)

استاذ مجذوب، شیخ رحمہ اللہ سے روایت کرتے ہیں کہ:

''میں نے اپنی دعوت کی ابتدا متعارفین، دوستوں اور ان کے دوستوں کے ساتھ میل ملاقات سے کی۔ پہلے ہم لوگ ایک جگہ جمع ہوتے تھے، پھر ایک دوسرے کے معاون گھر اس اجتماع کو منتقل کر دیا گیا۔ پھر اس سے بھی بڑی ایک دوسری جگہ منتخب کی گئی۔ پھر اس مقصد کے لئے ایک منزل کرایہ پر لی گئی تا کہ بکثرت لوگ اس میں شریک ہو سکیں، پھر یہ جگہ بھی تنگ پڑنے لگی......''

اس طرح شیخ رحمہ اللہ نے مشائخ اور مساجد کے ائمہ کے ساتھ علمی مباحثہ کا سلسلہ شروع کیا۔ بعض اوقات متعصب مسلکی علماء، مشائخ صوفیہ اور خرافاتی بدعتی لوگوں سے شدید معارضہ درپیش ہوتا تھا، لیکن ان کے پاس سوائے شور و غوغا کرنے اور شیخ رحمہ اللہ کو ''گمراہ وہابی'' کا طعنہ دینے کے کوئی ٹھوس دلیل نہ ہوتی تھی۔ دمشق کے نامور علماء میں سے علامہ بہجت البیطار، شیخ عبدالفتاح الامام، شیخ حامد التقی اور شیخ توفیق البزرہ وغیرہم رحمہم اللہ نے شیخ ناصرالدین کی ہمت افزائی کی اور ثابت قدم رہنے کی تلقین بھی کی۔ شیخ رحمہ اللہ لوگوں کے بے جا الزامات اور مخالفین کی پرواہ نہ کرتے ہوئے منہجِ حق پر ڈٹے رہے اور اپنے نفس کو صبر و تحمل کے ساتھ سورۃ لقمان کی آیت نمبر 17 ﴿وَأۡمُرۡ بِالۡمَعۡرُوۡفِ وَانۡہَ عَنِ الۡمُنۡکَرِ وَاصۡبِرۡ عَلٰی مَا أَصَابَکَ﴾ میں مذکور وصیت سے مطمئن اور آمادہ و قبل کرتے رہے۔ دمشق کے بہت سے مشائخ کے ساتھ توحید، مسلکی تعصب اور بدعات کے موضوعات پر آپ کے بے شمار علمی مباحثے ہوئے۔ اسی سلسلہ میں آپ نے بعض شہروں مثلاً حلب، اللاذقیہ، ادلب، سلمیہ، حمص، حماۃ اور الرقہ وغیرہ کا دورہ بھی کیا اور وہاں بھی علمی مناقشات کئے۔ حاسدین کا معاملہ اس حد تک پہنچا کہ انہوں نے حکام کے پاس شیخ کے خلاف جھوٹی گواہیاں دیں جس کے باعث آپ رحمہ اللہ کو دو بار اسیرِ زنداں بنا پڑا۔ ایک بار آپ نے ایک ماہ جیل کی صعوبتیں برداشت کیں اور دوسری بار غالباً 1967ء میں

تقریباً چھ ماہ سنت یوسفی ادا کرتے رہے مگر راہِ حق سے اس جبل عزیمت کے قدم کبھی نہیں ڈگمگائے .... نتیجتاً آپ کی دعوت الی الکتاب والسنہ ملک شام کی حدود سے نکل کر اُردن اور لبنان بھی جا پہنچی۔

ان دعوتی اَسفار کے علاوہ شیخ رحمہ اللہ ہر ماہ حلب کا سفر بھی کیا کرتے تھے تا کہ وہاں کے مکتبۃ الاوقاف الاسلامیۃ کے مخطوطات سے مستفید ہوسکیں۔ اس مکتبہ میں آپ طویل گھڑیاں گزارا کرتے تھے۔ "الزوائد للبوصیری" آپ نے اسی مکتبہ کے مخطوطات سے نقل کی تھی۔

مجالس علمیہ کا اہتمام

شیخ رحمہ اللہ نے ایک ہفتہ وار مجلس علمی کا پروگرام وضع کیا تھا۔ ان مجالس میں طالبانِ علم اور مختلف جامعات کے اساتذہ شرکت کرتے تھے اور وہاں پڑھی جانے والی علمی کتب کے دروس سے مستفید ہوتے تھے۔ یہ کتب الروضۃ الندیۃ نواب صدیق حسن خاں، منھاج الاسلام فی الحکم محمد اسد، اصول الفقہ عبد الوہاب خلاف، مصطلح التاریخ اَسدترم، فقہ السنۃ سید سابق، الحلال والحرام یوسف قرضاوی، الترغیب والترھیب حافظ منذری، فتح المجید شرح کتاب التوحید عبد الرحمٰن بن حسن آل شیخ، الباعث الحثیث شرح اختصار علوم الحدیث احمد شاکر، ریاض الصالحین نووی، الالمام فی احادیث الأحکام ابن دقیق العید اور الأدب المفرد امام بخاری وغیرہ تھیں۔

شیخ رحمہ اللہ خواتین کو بھی صحیح أحادیث اور ان پر اپنی تعلیقات کے منتخب حصص کا درس دیا کرتے تھے۔ شیخ کے شاگرد استاذ محمد عید عباسی اپنی کتاب "بدعۃ التعصب المذھبی" میں لکھتے ہیں کہ "شیخ رحمہ اللہ ان دروس کے علاوہ دمشق میں اپنے تلامذہ کو مندرجہ ذیل فقہی کتب کا درس بھی دیا کرتے تھے:

کتاب اقتضاء الصراط المستقیم از شیخ الاسلام ابن تیمیہ، فقہ السنۃ از سید سابق، منھاج السنۃ فی الحکم از محمد اسد اور الروضۃ الندیۃ فی شرح الدرر البھیۃ از علامہ محمد صدیق حسن خاں بھوپالی

مزید فرماتے ہیں کہ

"ہمارے شیخ ہر علمی بحث کی محققانہ شرح بیان فرماتے اور کسی بھی مسئلہ کو خواہ چھوٹا ہو یا بڑا ابلا وضاحت نہ چھوڑتے تھے ......الخ"

مدینہ یونیورسٹی میں شیخ کی تقرری اور وہاں کے تعلیمی نظام پر آپ کے اثرات

استاذ عید عباسی اور علی خشان، شیخ رحمہ اللہ کے ترجمہ میں لکھتے ہیں:

"اللہ تعالیٰ کی توفیق اور اس جہدِ متواصل کے نتیجہ میں حدیث، فقہ اور عقائد وغیرہ کے

موضوعات پر شیخ رحمہ اللہ کی بیشتر نفع بخش مؤلفات معرضِ وجود میں آئیں جوامل علم وفضل کے نزدیک شیخ سے محبت کا باعث بنیں۔ ان مؤلفات میں فہم صحیح، حدیث، اس کے علوم، اس کے رجال وغیرہ کی درایت، فائقہ اور صائبعلمی منہج وغیرہ سب کچھ موجود تھا۔ ان کتب میں ہر چیز کے لئے صرف کتاب وسنت کو ہی حکم اور میزان ومعیار بنایا گیا تھا۔ ان کے علاوہ سلف صالح کے فہم اور ان کے طریقہ مکتفہ واستنباطِ احکام سے ہدایت ورہنمائی بھی حاصل کی گئی تھی۔.......

جب مدینہ منورہ میں الجامعۃ الاسلامیۃ (مدینہ یونیورسٹی) کی تاسیس ہوئی تو چانسلر مدینہ یونیورسٹی اور مفتیٔ عام برائے سعودی عرب شیخ علامہ محمد بن ابراہیم آل الشیخ نے حدیث، علوم الحدیث اور فقہ الحدیث کو جامعہ میں پڑھانے کے لئے شیخ موصوف کو ہی منتخب کیا۔ یہاں آپ تین سال (یعنی ۱۳۸۱ھ؍ سے ۱۳۸۳ھ کے اختتام تک) استاذ حدیث رہے۔ اس دوران جامعہ میں آپ جہد و اخلاص کی مثال بنے رہے حتیٰ کہ دروس کے دوران ہونے والے وقفہ میں آپ طلباء کے ساتھ ریت پر بیٹھ جایا کرتے اور وہاں بھی علمی مباحث کا سلسلہ شروع کردیتے تھے۔ جبکہ اس وقفہ کے دوران دوسرے اساتذہ اپنے اپنے کمروں میں جا کر چائے اور ناشتہ وغیرہ میں مصروف ہوجاتے تھے۔ جب بعض اساتذہ اور طلباء ان کے پاس ریت پر سے گزرتے تو یہ پکار اٹھتے تھے: "ھذا ھو الدرس الحقیقی ولیس الذی خرجت منہ أوالذی سنعود إلیہ" (حقیقی درس تو یہ ہے، نہ کہ وہ جس سے ابھی ہم نکلے ہیں یا اس کی طرف لوٹیں گے) آپ کے اس اخلاص اور آپ کے ساتھ طلباء کے غیر معمولی تعلق خاطر، محبت اور جامعہ کے اندر و باہر آپ کی شفقت کہ جس سے آپ کے معاصر اساتذہ محروم تھے، نے بعض لوگوں کے دلوں میں حسد کا بیج بو دیا۔......
چنانچہ اساتذہ میں سے بعض حاسدین نے جامعہ کے مسئولین کو ان کے خلاف ابھارنا شروع کیا، پھر انہی حاسدین نے افتراءات، بہتان اور جھوٹی شہادتوں کا سہارا لیا، یہاں تک کہ جامعہ کی انتظامیہ نے ان کی خدمات کے اختتام کا فیصلہ کیا اور آپ ایک سچے مؤمن کی طرح اللہ تعالیٰ کے فیصلے پر راضی ہو گئے۔ البتہ جب شیخ رحمہ اللہ اپنے متعلق افتراءات اور تہمتوں کو سنتے تھے تو یہی کہتے تھے: "حسبنا اللہ و نعم الوکیل"

آپ کے متعلق شیخ عبدالعزیز بن عبداللہ بن باز رحمہ اللہ کے یہ کلمات قابل ذکر ہیں: "حینما کنت تقوم بواجب الدعوۃ لا فرق عندک، و ذلک لمعرفتہ بقوۃ إیمانہ باللہ العظیم وعلمہ الواسع و صبرہ علی البلاء.......الخ"
''جب آپ فریضہ دعوت کی ادائیگی میں مشغول ہوتے تو کسی میں فرق روا نہ رکھتے۔ یہ اللہ پر آپ کی ایمانی قوت، وسیع ترعلم اور مشقتوں پر خصوصی صبر کا کرشمہ تھا''

شیخ رحمہ اللہ نے الجامعۃ الاسلامیۃ (مدینہ منورہ یونیورسٹی) میں علم حدیث کی تعلیم کا ایک منفرد طرزِ تعلیم وضع کیا تھا جس میں علم الاسناد کو خاص اہمیت دی گئی تھی۔ شیخ تیسرے سال کے طلباء کے لئے صحیح مسلم سے ایک حدیث منتخب فرماتے اور دوسرے سال کے آخر میں طلباء کے لئے سنن

ابی داود سے ایک حدیث مع سند بورڈ پر لکھ دیتے تھے اور پھر کتب رجال ، مثلا الخلاصۃ اور التقریب وغیرہ لا کر ان احادیث کی تخریج اور نقدِ رجال کے طریقہ وغیرہ کی عملی پریکٹس کرواتے تھے۔ پس یہ کہا جاسکتا ہے کہ فقط الجامعۃ الاسلامیۃ ہی میں نہیں بلکہ عالم عرب کی تمام اسلامی یونیورسٹیوں میں علم الاسناد کی تعلیم کی روایت پہلی بار شیخ ہی نے شروع کی تھی۔ جامعہ سے آپ کے رخصت ہو جانے کے بعد ڈاکٹر محمد امین مصرّی (چیئرمین شعبۂ حدیث) نے اس علمی روایت کو جامعہ میں جاری رکھا۔ اس کے بعد رفتہ رفتہ آپ کی جاری کردہ یہ سنت عالم اسلامی کی تمام جامعات میں رائج ہوگئی۔

الجامعۃ السلفیۃ (بنارس) میں آمد کی پیشکش سے شیخ کی معذرت

الجامعۃ الاسلامیۃ سے سبکدوشی کے بعد جامعہ سلفیہ بنارس کے سرپرست مولانا عبیداللہ رحمانی مبارکپوری رحمہ اللہ (صاحبِ مرعاۃ المفاتیح شرح مشکوٰۃ المصابیح) نے شیخ رحمہ اللہ کو بنارس میں بحیثیتِ استاذ حدیث تشریف لانے کی دعوت دی جسے شیخ رحمہ اللہ نے بوجوہ قبول نہ کیا اور معذرت کر لی

جب شیخ رحمہ اللہ الجامعۃ الاسلامیۃ سے فارغ ہو کر دمشق واپس پہنچے تو آپ نے گھڑیوں کی مرمت کرنے والی اپنی دوکان اپنے بھائی منیّر اور ان کی وفات کے بعد ان کے فرزند عبداللطیف کو دیدی تھی اور اپنے آپ کو مکمل طور پر فارغ کر کے المکتبۃ الظاہریۃ میں قیمتی تالیفات اور نفع بخش مؤلفات کے لئے وقف کردیا تھا۔

شیخ کی شام سے عمان پھر واپس شام پھر بیروت پھر امارت اور پھر عمان کی طرف ہجرتیں

ابتلاء اللہ تعالیٰ کی سنتوں میں سے ایک سنت ہے جو اللہ تعالیٰ ہر مؤمن بندہ پر جاری فرماتا ہے حتّیٰ کہ اس سنتِ الٰہی کے تحت رسول صلوات اللہ وسلامہ علیھم بھی مختلف النوع ابتلاءات سے دو چار کئے گئے۔ متعدد بار یہ سنت شیخ رحمہ اللہ پر بھی جاری ہوئی۔ اپنی ہجرتوں کے متعلق عزیمت کے یہ پیکرِ خود فرماتے ہیں:

''پہلی بار میں نے اپنے نفس اور اپنے اہل و عیال کے ساتھ ماہ رمضان ۱۴۰۰ھ میں دمشق سے عمان کی طرف ہجرت کی اور وہاں اس امید پر مکان بنانا شروع کیا کہ باقی زندگی یہیں گزاروں گا۔ اللہ تعالیٰ نے اپنے فضل و انعام سے میرے لئے یہ مرحلہ آسان فرما دیا۔ تعمیر کے سلسلہ میں بہت زیادہ بھاگ دوڑ اور بیماری کے بعد مکان کی طرف سے مجھے قدرے سکون میسر ہوا۔ لیکن میرا ذاتی کتب خانہ دمشق ہی میں چھوٹ گیا تھا۔ عمان لے جانے میں درپیش دشواریوں کے باعث اس کتب خانہ کی منتقلی ممکن نہ ہوئی تھی، لیکن ہر دن مجھے بارش سے اس کے خراب

ہو جانے کا خدشہ لاحق رہتا تھا۔ بہرحال جب اردن کے بعض بھائیوں نے محسوس کیا کہ میں گھر میں فارغ بیٹھا ہوں تو ان لوگوں نے مجھ سے دروس کا مطالبہ شروع کردیا۔ ان لوگوں نے ماضی میں عمان کی طرف ہجرت سے قبل میرے دروس سنے تھے کیونکہ میں ہر ماہ یا ہر دوسرے ماہ وہاں جاتا اور ایک دو درس دیا کرتا تھا ۔۔۔۔۔۔ میں نے ان بھائیوں سے وعدہ کرلیا کہ ہر جمعرات کو نماز مغرب کے بعد انہی میں سے ایک شخص کے گھر جو کہ میرے گھر سے قریب تھا، میں درس دیا کروں گا۔ میں نے پہلے دو درس ریاض الصالحین للنووی سے اپنی تحقیق و تشریح کے ساتھ دیئے، پھر حاضرین کے سوالات کے جوابات دیئے جو کہ بہت زیادہ تھے۔ سوالات کی کثرت ان کی شدید علمی رغبت اور معرفتِ سنت کی تشنگی کے مظہر تھے۔ لیکن ابھی تیسرے درس کے لئے تیاری کر ہی رہا تھا کہ بروز بدھ ۱۹ شوال ۱۴۰۱ھ کو دوپہر کے وقت مجھے اطلاع دی گئی کہ آپ کا مکان یہاں باقی نہیں رہا ہے۔ پس میرے لئے دمشق واپس جانے کے سوا کوئی چارہ کار نہ رہ گیا تھا۔ میں غم و اندوہ کے عالم میں اللہ عز وجل سے دعا کرتا تھا کہ مجھ سے شر اور دشمنوں کے کینہ کو دور فرما۔ دو راتمیں اسی کرب و بے چینی میں گزریں۔ آخر کار تیسری رات میں نے استخارہ اور مشورہ کے بعد بیروت جانے کا فیصلہ کرلیا، حالانکہ وہاں کے حالات بہت پرخطر اور پرفتن تھے۔ میں بیروت رات کے آخری پہر میں پہنچا، اپنے ایک پرانے بھائی کے گھر کا قصد کیا۔ اس نے بھی نہایت لطف و کرم اور ادب کے ساتھ میرا استقبال کیا اور مجھے اپنے گھر معزز و مکرم مہمان رکھا۔ بیروت میں کچھ عرصہ ہی گزرا تھا کہ میں بیروت سے الامارات کی طرف ہجرت کے لئے مجبور ہوگیا جہاں أهل السنة والجماعة سے وابستہ بعض محبین نے میرا استقبال کیا۔ الامارات میں قیام کے دوران میں نے کویت اور قطر وغیرہ خلیجی ممالک میں دروس دیئے اور پھر وہاں سے بھی عمان کی طرف مہاجر ہوا''

شیخ کی زیارات

شیخ رحمہ اللہ نے سپین (اندلس) کی تنظیم "الإتحاد العالمی للطلبة المسلمین" کی دعوت پر ایک محاضرہ میں شرکت کی اور "الحدیث حجة بنفسه فی العقائد والأحکام" (حدیث نبوی بذاتہ عقائد واحکام میں حجت ہے) کے عنوان پر ایک وقیع خطاب پیش کیا جو بعد میں المکتبة السلفیة، کویت سے شائع ہو چکا ہے۔

۲۔ ادارة العامة للإفتاء والدعوة والارشاد، الریاض نے مصر، مغرب (مراکش) اور انگلینڈ میں عقیدۂ توحید اور المنهج الاسلامی الحق کی طرف دعوت کے لئے آپ کو منتخب کیا تھا۔

۳۔ شیخ رحمہ اللہ نے دولة القطر کا سفر کیا اور وہاں مشائخ اور علماء سے ملاقاتیں کیں جن میں شیخ یوسف قرضاوی، شیخ محمد غزالی، شیخ المحمود اور شیخ ابن جبرین آل بوطامی وغیرہم قابل ذکر ہیں۔ آپ

نے وہاں "منزلة السنة فى الإسلام" کے عنوان پر خطاب بھی فرمایا جو بعد میں طبع ہوا۔

۴۔ متعدد اسلامی علمی کانفرنسوں میں آپ کو شرکت کی دعوت دی گئی ۔ بعض کانفرنسوں اور اجتماعات میں آپ نے شرکت کی لیکن علمی مشاغل کی کثرت کے باعث اکثر سے آپ نے معذرت کر لی تھی

۵۔ شیخ رحمہ اللہ نے مختلف یورپی ممالک کا سفر بھی کیا اور وہاں کی مسلم اقلیتوں نیز مسلم طلبہ سے خطاب کیا اور ان میں اپنے مفید علمی دروس سے مستفید کیا تھا۔

۶۔ ۱۴۰۲ھ میں آں رحمہ اللہ نے کویت کا سفر کیا اور وہاں متعدد دروس و محاضرات سے سامعین کو فیض یاب کیا۔ وہاں آپ کے دروس کی ریکارڈ کی گئی کیسٹوں کی تعداد تقریباً تیس ہے۔

۷۔ اسی طرح آپ نے متعدد بار الإمارات العربية المتحدة کی زیارت بھی کی اور وہاں بہت سے اجتماعات سے خطاب کیا۔ آپ کے یہ خطابات ریکارڈ ہیں اور کیسٹ کے مراکز میں دستیاب ہیں۔ آپ کی امارات کی آخری زیارت غالباً ۱۴۰۵ھ میں ہوئی تھی۔

اہل علم سے تعلقات

شیخ البانی رحمہ اللہ کا طلبہ علم سے ملاقات کا دائرہ بہت وسیع تھا۔ ان کے مابین ملاقات عموماً علمی مفید مباحث پر مشتمل ہوتی تھی۔ ان میں شیخ حامد رحمہ اللہ (رئیس جماعة أنصار السنة المحمدية بمصر) علامہ احمد شاکر مصریؒ (معروف محقق)، شیخ عبدالرزاق حمزہؒ (صاحب تصانیف کثیرہ)، علامہ مجاہد الجوال تقی الدین ہلالی السلفی (مشہور بناصر السنة و قامع البدعة) قابل ذکر ہیں۔

ان کے علاوہ مفتیٔ اعظم عبدالعزیز بن عبداللہ بن باز رحمہ اللہ (رئیس ادارة البحوث العلمية والافتاء والدعوة والارشاد، الریاض) کے ساتھ شیخ رحمہ اللہ کی مفید علمی مجلسیں اور علمی مراسلت مشہور ہیں۔ اسی طرح صاحب طرز ادیب، تیز رو قلمکار اور المکتبة السلفیة کے مالک سید محبّ الدین خطیب سے شیخ رحمہ اللہ نے اپنی کتاب "آداب الزفاف عن آداب الزفاف فى التاريخ الإسلامى" شائع کرنے کی خواہش ظاہر کی تھی۔

دیار ہند کے معروف محقق شیخ عبدالصمد شرف الدین کے ساتھ بھی شیخ رحمہ اللہ کی ملاقات اور علمی مراسلت قائم تھی، چنانچہ ایک مرتبہ شیخ عبدالصمد نے لکھا تھا کہ:

"دار الاقامة، الریاض سے شیخ عبید اللہ رحمانیؒ شیخ الجامعة الاسلامية (الجلہة السلفیة بنارس) کے پاس ایک غریب حدیث کے لفظ کے بارے میں کہ جو معنوی اعتبار سے عجیب ہے، یہ استفسار پہنچا ہے، جو علماء وہاں موجود تھے انہوں نے باتفاق طے کیا ہے کہ اس سلسلہ میں عمر حاضر

کے احادیثِ نبویہ کے سب سے بڑے عالم یعنی شیخ الالبانی العالم الربانی کی طرف رجوع کیا جائے"

ان کے علاوہ شیخ رحمہ اللہ کی ملاقات جن بعض دوسرے معروف علماء سے ہوئی ان میں سے چند یہ ہیں: "صبحی صالح، ترکی کے شیخ محمد طیب اوکیچ بوسنوی، ڈاکٹر احمد العسال، شیخ ڈاکٹر ربیع بن ہادی المدخلی، مدینہ منورہ کے شیخ حماد الانصاری، کویت کی وزارۃ الاوقاف ولجنۃ الفتویٰ کے رکن اور صاحبِ تصانیف (مثلاً زبدۃ التفسیر وغیرہ) شیخ محمد سلیمان اشقر، معروف داعی اور صاحبِ رسائل علمیہ شیخ عبدالرحمن عبدالخالق اور کلیۃ الشریعۃ، کویت یونیورسٹی کے پروفیسر عمر سلیمان الاشقر وغیرہ۔

مشہور فقیہ یوسف قرضاوی اور شیخ رحمہ اللہ کے مابین بھی ثمرآور مفید علمی مجالس ہوئیں۔ قرضاوی احادیث کی تصحیح کے لئے شیخ رحمہ اللہ کی طرف رجوع کیا کرتے تھے۔ چنانچہ کویت میں منعقد ہونے والی ایک کانفرنس میں قرضاوی نے اس بات کا خود اظہار کیا تھا۔

بیشتر ممالک، بالخصوص ہندوستان و پاکستان، کے بہت سے علماء اپنے خطوط میں شیخ رحمہ اللہ کے تئیں اپنی محبت اور ان سے ملاقات کی خواہش کا اظہار کیا کرتے تھے۔ جن میں استاذ محترم شیخ عبیداللہ رحمانی مبارکپوریؒ اور طنجہ (مراکش) کے مشہور الحدیث عالم شیخ محمد الزمزمی کے اسماءِ گرامی قابلِ ذکر ہیں۔ واضح رہے کہ شیخ زمزی سے آپ کی ملاقات طنجہ میں ان کے مکان پر ہوئی تھی۔

ان کے علاوہ بہت سے طلبہ علم مختلف اسلامی علوم میں ایم۔ اے اور پی ایچ ڈی کی ڈگری کے لئے اپنی دراسات اور اختصاصات کی بحوث کے سلسلہ میں ملاقاتیں کیا کرتے۔ آپ کی مجالس میں حاضر ہوتے، آپ سے مراسلت کرتے اور آپ سے سن کر مستفید ہوتے۔ مثال کے طور پر ڈاکٹر امین مصریؒ، ڈاکٹر احمد العسال (چیئرمین قسم الثقافۃ والدراسات الاسلامیۃ، جامعۃ الریاض) ڈاکٹر محمود الطحان (مدینہ یونیورسٹی میں حدیث کے سابق پروفیسر، ان دنوں کلیۃ الشریعہ، کویت یونیورسٹی) وغیرہ

ان مشاہیر کے علاوہ بہت سے دانش جویاں نے شیخ رحمہ اللہ سے مفید انٹرویو لئے ہیں جو یا تو کیسٹوں کی صورت میں محفوظ ہیں یا مختلف عربی رسائل و جرائد کی زینت بن چکے ہیں۔ ان میں سے بعض انٹرویو کے اردو تراجم ہفت روزہ 'ترجمان' دہلی وغیرہ میں بھی راقم کی نظر سے گزرے ہیں۔

مختلف کمیٹیوں کی رکنیت

شیخ رحمہ اللہ مختلف مجالس اور کمیٹیوں کے روحِ رواں تھے جن کا مختصر تعارف حسبِ ذیل ہے:

(١)   کتب السنۃ کی نشرواشاعت اور تحقیق کے لئے مصر وشام کی مشترکہ کمیٹی لجنۃ الحدیث کے رکن تھے۔

(۲) الجامعۃ الاسلامیۃ (مدینہ منورہ) کی یونیورسٹی سطح پر مختلف کمیٹیوں کے رکن تھے۔

(۳) سعودی عرب کے وزیر المعارف شیخ حسن بن عبداللہ آل الشیخ نے ۱۳۸۸ھ میں جامعۃ مکۃ المکرمۃ میں قسم الدراسات العلیا للحدیث کے اشراف (سرپرستی) کے لئے آپ کو دعوت دی تھی۔

(۴) سعودی عرب کے فرمانروا ملک خالد بن عبدالعزیزؒ نے الجامعۃ الاسلامیۃ فی المدینۃ المنورۃ کی سپریم کونسل کے لئے آپ کو بطورِ عضو منتخب کیا تھا، آپ ۱۳۹۵ھ تا ۱۳۹۸ھ اس مجلس کے رکن رہے۔

شیخ کا علمی مقام و مرتبہ

شیخ رحمہ اللہ کثیر دقیق علمی کتب و رسائل کے موئلف ہونے کے علاوہ علم حدیث کے بارے میں مختلف بلاد کے علماء، اساتذہ اور طلبہ علم کے لئے مرجع کی حیثیت بھی رکھتے تھے۔ راقم نے خود اپنی آنکھوں سے مشاہدہ کیا ہے کہ مختلف جامعات کے ماہر ڈاکٹر حضرات آپ کے سامنے فقہ اور حدیث سے متعلق مسائل پیش کرتے، آپ انہیں صفحات نمبر تک کی نشاندہی کرتے ہوئے مراجع و مصادر کے حوالے سے اطمینان بخش جواب دیتے تھے۔ بعض اوقات آپ ایسی نادر کتابوں کا حوالہ بھی دیتے تھے کہ جن کا نام تک حاضرین میں سے کسی نے نہ سنا ہوتا تھا۔

شیخ رحمہ اللہ کے متعلق بعض معاصر علماء کی آراء

اگرچہ شیخ کی شخصیت کسی شخص کے تزکیہ ( ) کی محتاج نہیں ہے لیکن پھر بھی بعض معروف اہل علم حضرات کے ثنائیہ کلمات پیش خدمت ہیں:

علامہ سید محبّ الدین خطیبؒ فرماتے ہیں:

"من دعاۃ السنۃ الذین وقفوا حیاتھم علی العمل لاحیائھا وھو أخونا بالغیب الشیخ أبو عبد الرحمن محمد ناصر الدین نوح نجاتی الألبانی"

''سنت شریفہ کے ان عظیم داعیوں میں سے جنہوں نے سنت کے احیاء کے لئے اپنی زندگیوں کو وقف کر دیا، ایک ہمارے قابلِ فخر مسلمان بھائی شیخ محمد ناصر الدین نوح نجاتی البانی ہیں''

چند ماہ پیشتر وفات پانے والے مفتی اعظم سعودیہ شیخ عبدالعزیز بن عبداللہ بن بازؒ کا قول ہے:

"ما رأیت تحت أدیم السماء عالماً عالماً بالحدیث فی العصر الحدیث مثل العلامۃ محمد ناصر الدین الألبانی"

''آسمان کے سائباں کے نیچے میں نے اس زمانے میں شیخ محمد ناصرالدین البانی سے زیادہ حدیثِ نبوی (علی صاحبها الصلوات والتسلیم) کا عالم نہیں دیکھا''

ڈاکٹر عمر سلیمان الاشقر اپنی کتاب تاریخ الفقه الإسلامی (صفحہ ۱۲۷) میں آپ کو محدث العصر محمد ناصر الدین الألبانی کے نام سے مخاطب کرتے ہیں۔

شیخ حسن البناء نے شیخ رحمہ اللہ کو خط لکھا اور اس میں انہیں اپنے سلیم علمی منہج پر ڈٹے رہنے کی تاکید کی، ان کی ہمت افزائی فرمائی اور شیخ سید سابق کے مقالات پر آپ کی بعض تعلیقات اپنے مجلہ ''الإخوان المسلمون'' میں شائع کیں۔

ڈاکٹر امین مصری'' (مدرّس مادة الحدیث، الجامعة السوریة و رئیس قسم الدراسات العلیا للحدیث فی الجامعة الاسلامیة سابقاً) شیخ رحمہ اللہ کے متعلق ہمیشہ کہا کرتے تھے: ''إن الشیخ الألبانی أحق منی بهذا المنصب وأجدر'' (کہ شیخ البانی مجھ سے زیادہ ان علمی مناصب کے حق دار اور لائق ہیں) اور اپنے آپ کو شیخ کے تلامذہ میں شمار کرتے تھے۔ اس بات کی شہادت ڈاکٹر محی صالح (أستاذ الحدیث والعلوم العربیة بجامعة الدمشق سابقاً والجامعة اللبنانیة) وغیرہ نے دی ہے۔

استاذ محمد الغزالی اپنی کتاب ''فقہ السیرة'' میں لکھتے ہیں:

''سرنی أن تخرج هذه الطبعة (الرابعة) الجدیدة بعد أن رجحها الأستاذ المحدث العلامة الشیخ محمد ناصر الدین الألبانی ...... وللرجل من رسوخ قدمه فی السنة ما یعطیه هذا الحق'' الخ ......

''میرے لئے مقام مسرت ہے کہ اس کتاب کے چوتھے ایڈیشن کو محدث علامہ شیخ محمد ناصر الدین البانی کی نظرِ ثانی کے ساتھ شائع کیا جا رہا ہے۔ علومِ سنت میں رسوخ و مہارت کی بنا پر آپ سے ہی اس کا حق ادا کرنے کی توقع کی جا سکتی ہے۔''

کتاب ''صید الخاطر'' از امام ابن جوزیؒ کے محقق استاذ علی واستاذ ناجی طنطاوی لکھتے ہیں:

''وقد علق علیها الأستاذ الشیخ ناصر الدین الألبانی (وهو المرجع الیوم فی روایة الحدیث فی البلاد الشامیة) ...... الخ''

''اس کتاب پر شیخ ناصر الدین البانی نے تعلیق لکھی ہے اور آپ فی زمانہ ملک شام میں علمِ حدیث میں مرجع خلائق کی حیثیت رکھتے ہیں''

علامہ ڈاکٹر یوسف قرضاوی فرماتے ہیں:

''وقد قام العلامة الشیخ محمد ناصر الدین الألبانی بفصل صحیح الجامع

الصغير و زيادته (الفتح الكبير) عن ضعيفه و صدر كل منهما في عدة أجزاء فخدم لذلك الكتاب وطالبى الحديث أيما خدمة (ثقافة الداعية ص ٧٩،٨٠)

''علامہ شیخ البانی نے جامع الصغیر اور اس پر زیادت یعنی فتح الکبیر کی صحیح احادیث کو ضعیف احادیث سے جدا کیا ہے،اورآپ کا یہ علمی کام متعدد جلدوں میں شائع ہو چکا ہے۔اس طرح آپ نے اس کتاب اور طلبہ حدیث کی کس قدر عظیم خدمت سرانجام دی ہے۔''

آپ امام ابن جوزیؒ کی کتاب الموضوعات کو اس فن کی ابتداء اور سلسلة الأحاديث الضعيفة کو اس کی انتہا قرار دیتے تھے۔

استاذ احمد مظہر العظمة رحمہ اللہ (صدر جمعية التمدن الاسلامى بدمشق) شیخ کے علم سے حد درجہ متاثر تھے اور ان کے مقالات کو مخالفین کی پرواہ کئے بغیر شائع کیا کرتے تھے۔

ڈاکٹر یوسف سباعیؒ (مدیر اعلی مجلّہ المسلمون) شیخ رحمہ اللہ سے درخواست کیا کرتے تھے کہ وہ ان کے مجلّہ کے لئے کچھ لکھیں۔ چنانچہ شیخ رحمہ اللہ کی متعدد تحریریں اس مجلّہ کی زینت بنی ہیں۔

ڈاکٹر مصطفی اعظمیؒ نے شیخ زہیر الشاویش (مدیر المكتب الإسلامى، بیروت) کے واسطے سے شیخ رحمہ اللہ سے درخواست کی تھی کہ وہ ان کی کتاب صحیح ابن خزیمة کی تحقیق پر نظر ثانی فرمادیں،اس پر تعلیقات و تخریجات درج فرمائیں اور اس میں جہاں کہیں جو اضافہ یا تبدیل مناسب سمجھیں کر دیں، چنانچہ حواشی میں شیخ رحمہ اللہ کے درج کردہ نوٹ جابجا موجود ہیں اور اس کا تذکرہ ڈاکٹر اعظمی نے اپنی کتاب کے مقدمہ میں بھی کیا ہے۔

سعودی عرب کے معروف عالم شیخ محمد صالح العثیمین حفظہ اللہ شیخ البانیؒ کے متعلق لکھتے ہیں:

''أكتب عن فضيلة محدث الشام الشيخ الفاضل: محمد بن ناصر الدين الألباني فالذي عرفته عن الشيخ من خلال اجتماعي به وهو قليل أنه حريص جداً على العمل بالسنة و محاربة البدعة سواء كانت في العقيدة أم في العمل، أما من خلال قراءتي لمؤلفاته فقد عرفت عنه ذلك وأنه ذو علم جمّ في الحديث رواية و دراية و أن الله تعالى قد نفع فيما كتب كثيراً من الناس من حيث العلم ومن حيث المنهاج والاتجاه إلى علم الحديث وهذه ثمرة كبيرة للمسلمين ولله الحمد..... وعلى كل حال فالرجل طويل الباع واسع الاطلاع قوي الاقناع وكل أحد يؤخذ من قوله و يترك سوى قول الله و رسوله..... و نسأل الله تعالى أن يكثر من أمثاله في الأمة الإسلامية..... الخ '' (کتوب ،مورخہ ٢٢؍٨؍١٤٠٥ھ)

''محدث شام شیخ الفاضل علامہ ناصر الدین البانی کے بارے میں اپنی چند طلاقتوں میں جو

جان سکا ہوں کہ آپ سنت کی خدمت کرنے اور بدعت سے جنگ کرنے کی شدید خواہش رکھتے ہیں، چاہے وہ بدعت عقائد میں ہو یا افعال میں۔ آپ کی تالیفات کے مطالعے سے میں اس نتیجہ پر پہنچا ہوں کہ روایت اور درایتِ حدیث کے بارے میں آپ کا علم بہت وسیع ہے اور آپ کی تحریروں سے اللہ تعالیٰ نے بہت سے لوگوں کو بطورِ علم بھی فائدہ دیا ہے اور من حیث المنہاج کے بھی لوگوں کو علم حدیث کی طرف متوجہ کرنے میں۔ الحمد للہ مسلمانوں کے لئے اس کام میں عظیم فائدہ ہے۔ بہر حال موصوف دور تک نظر رکھنے والے، وسیع علم کے حامل اور قوی تاثیر رکھنے والے ہیں، ہر ایک کا قول اختیار کیا اور چھوڑا جا سکتا ہے سوائے اللہ اور اس کے رسول کے قول کے۔ ہماری اللہ سے دعا کہ اللہ تعالیٰ آپ جیسے علماء امت کو بکثرت عطا فرما دے ……… آمین!''

شیخ زید بن عبدالعزیز الفیاض (استاذ بکلیۃ اصول الدین فی جامعۃ الامام محمد بن سعود الاسلامیۃ بالریاض) فرماتے ہیں:

''ان الشیخ محمد ناصر الدین الالبانی من الأعلام البارزین فی ھذا العصر وقد عنی بالحدیث وطرقہ و رجالہ و درجتہ من الصحۃ أو عدمھا وھذا عمل جلیل من خیر ما أنفقت فیہ الساعات و بذلت فیہ المجھودات و ھو کغیرہ من العلماء الذین یصیبون و یخطئون ولکن انصرافہ الی ھذا العلم العظیم ما ینبغی أن یعرف لہ بہ الفضل وأن یشکر علی اھتمامہ بہ …… الخ''

''شیخ محمد ناصر الدین الالبانی کا اس زمانے کی نامور علمی شخصیتوں میں شمار ہوتا ہے۔ آپ نے متن حدیث، اس کے طرق، رواۃ اور اس کی فنی حیثیت پر خصوصی کام کیا ہے۔ یہ بہت عظیم کام ہے اور اس لائق کہ اس میں اوقات صرف کئے جائیں اور محنتیں کھپائی جائیں۔ آپ بھی دیگر علماء کی طرح صحیح علمی رائے اپنانے کے ساتھ بہت سے امور میں غلطی کھا جاتے ہیں۔ لیکن اس مبارک علم میں آپ کی عظیم خدمات اس لائق ہیں کہ آپ کے فضل وکرم کا اعتراف کیا جائے اور اس علم پر توجہ دینے پر آپ کا شکر گزار ہوا جائے۔'' (مکتوب، مؤرخہ ۳۰/۷/۱۴۰۵ھ)

المملکۃ العربیۃ السعودیۃ کے سابق مفتی عام علامہ عبدالعزیز بن عبداللہ بن باز رحمہ اللہ کا ایک قول اوپر نقل کیا جا چکا ہے۔ آں رحمہ اللہ اپنے ایک مکتوب میں شیخ کے متعلق مزید فرماتے ہیں:

''ان الشیخ المذکور معروف لدینا بحسن العقیدۃ والسیرۃ و مواصلۃ الدعوۃ الی اللہ سبحانہ مع مایبذ لہ من الجھود المشکورۃ فی العنایۃ بالحدیث الشریف و بیان الحدیث الصحیح من الضعیف من الموضوع وما کتبہ فی ذلک من الکتابات الواسعۃ کلہ عمل مشکور و نافع للمسلمین ……الخ''

''شیخ الالبانی ہمارے ہاں حسن سیرت اور درست عقیدہ کے حامل کے طور پر معروف ہیں۔ آپ نے ساری زندگی اس دعوت کی ترویج میں صرف کی کہ حدیث شریف کا خاص اہتمام کیا

جائے اور ضعیف وموضوع احادیث کو صحیح احادیث سے ممتاز کردیا جائے۔اس مشن میں آپ نے بہت سی عظیم کتابیں لکھیں،آپ کی تمام دینی کاوشیں لائق شکر واحسان اور امت مسلمہ کے لئے نفع بخش ہیں۔"

شیخ رحمہ اللہ کے متعلق راقم کی شخصی رائے

شیخ رحمہ اللہ کی زندگی تقویٰ و پاکدامنی سے عبارت تھی۔ آپ کے سینہ میں قوم وملت کا درد موجزن تھا۔ دینی حمیت وغیرت اور اسلامی جذبات سے آپ کا دل معمور رہتا تھا۔ آپ راہ حق کے جانباز ،مجاہد اور بقیۃ السلف تھے۔ اللہ تعالیٰ نے آپ کو بعض معاندین کے سوا مقبولیتِ عامہ کی دولت سے نوازا تھا۔عصر حاضر میں آپ امتِ مسلمہ کی روح رواں تھے۔ تنہا اپنی ذات میں ایک امت اور مکمل انجمن کے مثل تھے۔ آپ کی ذات سے بزمِ اسلام کے چراغ روشن تھے، آپ عہد حاضر کے سب سے نمایاں اور ممتاز داعی الی اللہ، اس صدی کے مجدد، مفتی، واعظ، محدث، مفسر، فقیہ، قرۃ عیون الموحدین اور مسلکِ سلف کے حامی و ناصر تھے۔ آپ کی فقاہت پر فقیہان عصر سر دھنتے تھے۔ آپ ذہانت وظانت کے ایک بحر ناپید کنار تھے۔ فقاہت ،ہدایت وارشاد کے ایک بلند اخلاق امام اور دین کے عمائدین میں نمایاں تھے۔ آپ کی علمی مجالس کا وقار اس قدر بلند وارفع ہوتا تھا کہ عالم اسلام کی سربر آوردہ ہستیاں بھی ان سے فیض یاب ہوا کرتی تھیں۔ آپ نے عالم اسلام کو علم وبصیرت، معرفت وحکمت اور اَخلاق و آ داب کا جو انمول تحفہ دیا ہے، گزشتہ کئی صدیوں میں اس کی کوئی نظیر نہیں ملتی۔

شیخ رحمہ اللہ اُلفت ومحبت، تعظیم وتکریم، زہد وتقویٰ، لطف وکرم، تواضع واِنکساری، حلم و بردباری، صبر وشکر، خشیتِ الہٰی، احسان واکرام، علم و ادب، ضبط وتحمل، حب رسول، سادگی اور حسن اَخلاق جیسے اَوصاف ومحاسن کے پیکر تھے۔ ان اعلیٰ صفات کے حامل ہونے کے ساتھ آں رحمہ اللہ علم وفضل کا گنج گراں بہا بھی تھے۔ دینی علوم وفنون میں آپ کو تبحر اور دسترسِ تامہ حاصل تھی۔ آپ کے وسعتِ مطالعہ، تبحر علمی اور تحقیق مباحث کا چرچا عالم اسلام کی تقریبا ہر وقیع مجلس میں ہوا کرتا تھا۔ آپ کتاب وسنت کے سچے شیدائی، مبلغ اور ترجمان تھے، خلافِ سنت آپ کو کوئی بات گوارہ نہ تھی۔ آپ کی رحلتے دنیائے علم میں پیدا ہونے والا خلا جلد پر ہوتا نظر نہیں آتا۔ اللہ تعالیٰ جلد اس کی کوئی مؤثر تبدیل پیدا فرما دے، آمین! فانہ ولی والقادر علیہ

بلاشبہ تاریخ اسلام اس بطل جلیل اور علم وبصیرت کے بلند منارہ کی خدمات واحسانات کے تئیں ہمیشہ مستفید ہوتی رہیں گی غرض ان کی بے لوث خدمات اور قربانیوں سے تاریخ اسلام کے اَوراقِ زریں تاقیامت روشن رہیں گے۔

شیخ رحمہ اللہ کو شاہ فیصل ایوارڈ کا اعزاز

المملکۃ العربیۃ السعودیۃ کی موقر تنظیم مؤسسۃ الملک فیصل الخیریۃ کے زیر اہتمام ہر سال عالم عرب اور بیرونی دنیا کے اَفاضل کو دیے جانے والے انعام کے لئے سال رواں (1999ء بمطابق 1419ھ) میں محدثِ شام، فقیہ بے مثل، بقیۃ السلف، یکانہ ٔ روزگار، مفسر دوراں، علامہ ٔ زماں اور عبقری ٔ وقت شیخ محمد ناصر الدین البانی رحمہ اللہ کو ''تحقیقاتِ اسلامی و خدماتِ حدیث'' کے لئے عالمی شاہ فیصل ایوارڈ کے اعزاز کے لئے نامزد کیا گیا۔ شیخ رحمہ اللہ نے اس اعزاز کو وصول کرنے کے لئے اپنے ایک شاگرد شیخ محمد بن ابراہیم شقرۃ کو اپنا قائم مقام بنا کر بھیجا۔ یہ حقیقت ہے کہ مؤسسۃ الملک فیصل الخیریۃ نے شیخ رحمہ اللہ کی دینی خدمات و کمالِ علم و فضل کا اعتراف کرتے ہوئے سال رواں کا شاہ فیصل ایوارڈ آپ کو عنایت کیا ہے لیکن میں سمجھتا ہوں کہ شیخ رحمہ اللہ کی شخصیت اس اعزاز سے بہت بالا و اَرفع ہے۔ یہ ایوارڈ آپ کی خدمات کے مقابلہ میں ایک اَدنیٰ اعتراف سے زیادہ کوئی حقیقت نہیں رکھتا کیونکہ آپ سے قبل جن لوگوں کو یہ اعزاز دیا جاتا رہا ہے، ان کی دینی خدمات اس محدثِ جلیل کی خدمات کے مقابلہ میں بہت پیچ نظر آتی ہیں۔ چنانچہ مجھے یہ کہنے میں کوئی باک نہیں کہ اس ایوارڈ سے شیخ رحمہ اللہ کی شخصیت اور علمی وجاہت میں تو کوئی اضافہ نہیں ہوا، البتہ اس ایوارڈ کا اعزاز و اعتماد دو چند ضرور ہوا ہے۔

شیخ رحمہ اللہ کے ساتھ مولوی حبیب الرحمٰن اعظمی حنفی کا غیر محسنانہ رویہ

مصنف عبدالرزاق، مسند الامام الحمیدی، سنن سعید بن منصور اور مسند اسحٰق بن راہویہ وغیرہ کے محقق شیخ حبیب الرحمٰن اعظمی حنفی جب 1398ھ میں دمشق کے سفر پر گئے تو انہوں نے محدث رحمہ اللہ کے گھر ہی بطور مہمان قیام کیا۔ آپ نے مولوی حبیب کی بے حد عزت کی۔ المکتبۃ الظاہریۃ کے مخطوطات کی زیارت کرائی، متعدد علماء سے ملاقات کرانے کی غرض سے ان کے ساتھ ساتھ گئے لیکن مولوی حبیب نے ہندوستان واپس جانے پر محدث رحمہ اللہ کی تردید میں ''الألبانی شذوذہ و أخطاؤہ'' نامی کتاب لکھی جو چار جلدوں میں مکتبۃ دار العروبۃ للنشر والتوزیع (کویت) سے 1404ھ میں طبع ہو چکی ہے۔ جب شیخ رحمہ اللہ کو اس کتاب کی بابت بتایا گیا تو آپ نے اس کا جواب دینے پر صبر کرنے کو ترجیح دی اور فقط اس قدر کہا کہ ''جب شیخ اعظمی میرے گھر پر مقیم تھے تو میں نے کئی بار ان سے مختلف اختلافی اور مسلکی مسائل پر گفتگو کرنا چاہی تھی مگر وہ کسی بات کا کوئی جواب نہ دیتے تھے۔ میں نے ان کی خاموشی کو ان کی کم گوئی اور پیرانہ سالی کے باعث سفر کی تکان پر محمول کرتے ہوئے اپنا ارادہ

ترک کردیا تھا" لیکن شیخ رحمہ اللہ کے ایک شاگرد شیخ سلیم الہلالی نے شیخ اعظمی کے ردود کا بہت مفصل جائزہ لیا ہے اور ان کے اعتراضات کا بہت شافی جواب لکھا ہے جو حسن اتفاق سے شیخ اعظمی کی زندگی ہی میں طبع بھی ہو چکا ہے۔ فجزاہ اللہ احسن الجزا۔

خود راقم نے شیخ اعظمی کی مذکورہ بالا کتاب اور شیخ سلیم الہلالی کا جواب حرف بحرف پڑھا ہے اور اس نتیجہ پر پہنچا ہے کہ شیخ اعظمی نے مذکورہ کتاب لکھ کر یقیناً مجموعی طور پر محدث نبیل رحمہ اللہ پر ظلم کیا ہے، فإنا لله وإنا إليه راجعون

شیخ رحمہ اللہ کا راقم کے ساتھ خصوصی تعلق

شیخ رحمہ اللہ سے راقم کو صرف ایک بار طویل ملاقات کا شرف حاصل ہوا ہے۔ مختصر تعارف کے بعد جب راقم نے دادا (مولانا عبدالرحمٰن مبارکپوری صاحب تحفۃ الاحوذی) رحمہ اللہ کے متعلق ان پر یہ انکشاف کیا کہ وہ ایک جید سلفی عالم تھے تو آپ کی خوشی اور شفقت دیدنی تھی۔ ملاقات کے دوران شیخ رحمہ اللہ دیر تک راقم کی سرگرمیوں وغیرہ کے متعلق بھی دریافت کرتے رہے۔ جب راقم نے انہیں آگاہ کیا تو آپ نے دعاؤں کے ساتھ بہت بلیغ الفاظ میں راقم کی ہمت افزائی فرمائی جو آج تک راقم کے دل پر نقش ہے۔ اس ملاقات کے دوران راقم کی کوشش تھی کہ حتی المقدور شیخ رحمہ اللہ سے استفادہ کیا جائے، چنانچہ جس قدر ممکن تھا، اتنا اکتساب کیا بھی، فالحمدلله على ذلك!

اس ملاقات کے بعد سے گاہے بگاہے شیخ رحمہ اللہ سے مراسلت اور کبھی کبھی ٹیلیفونی رابطہ کا سلسلہ بھی قائم رہا۔ کبھی کبھی شیخ رحمہ اللہ بعض غرائب الحدیث کے متعلق دادا رحمہ اللہ کی رائے جاننا چاہتے تھے تو بلا تکلف پوچھ لیا کرتے تھے۔ ابھی چند ماہ پرانی ہی بات ہے کہ جب راقم نے شیخ رحمہ اللہ سے اپنی عربی کتاب "السحر، حكمه وخطره والوقاية منه (في ضوء القرآن والسنة)" (جادو: حکم، نقصانات اور اس سے بچاؤ قرآن وسنت کی روشنی میں) پر تقریظ لکھنے کی درخواست کی تو آپ نے اپنی صحت کی خرابی کے باعث معذرت کر لی لیکن دیر تک اس کے مباحث کے متعلق دریافت کرتے رہے اور اس پر اپنی خوشی واطمینان کا اظہار فرمایا۔

شیخ رحمہ اللہ کی بعض آراء سے علماء کو علمی اختلاف رہا ہے جن کے بارے میں راقم بھی خطوط اور کبھی بذریعہ فون آں رحمہ اللہ سے تبادلہ خیال کرتا رہا ہے۔ آپ اس قدر اعلیٰ اخلاق کے مالک تھے کہ ہر نقد کو بہت سنجیدگی سے سنتے، اس پر علمی تبادلہ کر کے اور اگر فریق ثانی کے موقف کو قوی پاتے تو اسے بلا تامل قبول کر لیتے تھے۔ ہو سکتا ہے کہ آں رحمہ اللہ ایسے مسائل کے بارے میں علماء کے دلائل سے

مطمئن نہ ہو سکے ہوں۔ لہذا اپنی اجتہادی رائے پر قائم رہے اور میں سمجھتا ہوں کہ ان شاء اللہ وہ اس کے لئے بھی عند اللہ اجر کے مستحق قرار پائیں گے۔ متعدد بار ایسا ہوا ہے کہ شیخ رحمہ اللہ نے بعض احادیث کی تخریجات کے متعلق راقم کی رائے کو کھلے دل سے قبول بھی کیا ہے۔

مختصراً اگر میں یہ کہوں کہ ماضی قریب کے محدثین میں سے مولانا شمس الحق عظیم آبادی (صاحب عون المعبود) اور دادا رحمہما اللہ کی مؤلفات کے علاوہ اگر کسی کی تحریروں نے راقم کو غیر معمولی طور پر متاثر کیا ہے تو وہ شیخ رحمہ اللہ کی مؤلفات ہی ہیں تو قطعاً غلط نہ ہوگا۔ راقم نے استاذ محترم مولانا عبید اللہ رحمانی مبارکپوریؒ ، شیخ ابوالحسن علی ندوی، شیخ ربیع بن ہادی المدخلی، شیخ شنقیطیؒ ، شیخ ابوبکر الجزائری شیخ عبدالعزیز بن عبداللہ بن بازؒ، شیخ محمد صالح العثیمین اور شیخ عبداللہ الجبرین وغیرہم اَفاضل کو بہت قریب سے دیکھا ، سنا اور پڑھا ہے لیکن راقم کے ذاتی تاثرات یہ ہیں اگرچہ یہ تمام اَفاضل بھی تاریخ اسلام میں اپنی عظیم اور ناقابل فراموش دینی خدمات کے باعث ایک اِمتیازی مقام رکھتے ہیں لیکن جب ان کا مقابلہ شیخ الالبانی رحمہ اللہ سے کیا جائے تو شیخ علم حدیث میں ان تمام بزرگوں سے برتر نظر آتے ہیں۔ واللہ اعلم

شیخ رحمہ اللہ کی تصنیفی خدمات

شیخ رحمہ اللہ ایک برق رفتار مؤلف تھے، چنانچہ آپ کی مطبوعہ و غیر مطبوعہ مؤلفات کی تعداد ایک سو بیس سے متجاوز ہے، ہم ذیل میں آپ کی تصنیفی خدمات کو چار اقسام میں تقسیم کرکے مختصراً ذکر کریں گے:

(الف) علمی تحقیقات

١.   الكلم الطيب لابن تيمية

٢.   تحقيق مشكاة المصابيح للتبريزي

٣.   تصحيح حديث إفطار الصائم قبل سفره بعد الفجر

٤.   رياض الصالحين للنَّووى

٥.   صحيح الكلم الطيب لابن تيمية

٦.   فضل الصلاة على النبي ﷺ لإسمعيل بن اسحق

٧.   كتاب اقتضاء العلم والعمل للخطيب البغدادي

٨.   كتاب العلم للحافظ أبي خيثمة

٩.   لفتة الكبد في تربية الولد لابن الجوزي

۱۰. مختصر صحيح مسلم للمنذري

۱۱. مساجلة علمية بين الامامين الجليلين العز بن عبدالسلام و ابن الصلاح

(ب)التخريجات

۱۲. المرأة السلمة للشيخ حسن البنا

۱۳. الآيات البينات في عدم سماع الأموات عند الحنيفة السادات لمحمود الآلوسى

۱۴. تخريج الايمان لابن أبى شيبة

۱۵. تخريج الإيمان لأبى عبيد القاسم بن سلام

۱۶. تخريج فضائل الشام للربعى

۱۷. تخريج كتاب الردّ على جهمية للدارمى

۱۸. تخريج كتاب المصطلحات الأربعة فى القرآن

۱۹. تخريج كتاب إصلاح المساجد من البدع والعوائد لجمال الدين القاسمى

۲۰. تخريج كلمة الإخلاص وتحقيق معناها لابن رجب الحنبلى

۲۱. تخريج أحاديث مشكلة الفقرو كيف عالجها الإسلام للقرضاوي

۲۲. حجاب المرأة المسلمة ولباسها فى الصلاة لشيخ الإسلام ابن تيمية

۲۳. حقيقة الصيام لابن تيمية

۲۴. شرح العقيدة الطحاوية لأبى جعفر الطحاوى

۲۵. صحيح الجامع الصغير و زيادته (الفتح الكبير) للسيوطى

۲۶. ضعيف الجامع الصغير و زيادته (الفتح الكبير) للسيوطى

۲۷. غاية المرام فى تخريج أحاديث الحلال والحرام للقرضاوى

۲۸. كتاب السنة و معه ظلال الجنة فى تخريج السنة لأبى عاصم الضحاك

۲۹. ما دلّ عليه القرآن ما يعضد الهيئة الجديدة القوية البرهان لمحمود الآلوسى

۳۰. إرواء الغليل فى تخريج أحاديث منار السبيل لابن ضويان

(ج)اختصار / مراجعة / تعليق

۳۱. التعليق على كتاب الباعث الحثيث شرح اختصار علوم الحديث لابن كثير بتحقيق أحمد شلكر

۳۲. التعليقات على صفة الفتوى والمفتى والمستفتى لابن شبيب بن حمدان

۳۳. صحيح ابن خزيمة بتحقيق د/مصطفى الأعظمى

۳۴. مختصر الشمائل المحمدية للترمذى

۳۵. مختصر شرح العقيدة الطحاوية

۳۶. مختصر كتاب العلوّ للعلى العظيم للحافظ الذهبى

٣٧. مدارك النظر فى السياسة بين التطبيقات الشرعية والانفعالات الحماسية لعبد الملك الجزائري

(د) تأليفات

٣٨. التعقيب على كتاب الجواب للمودودى

٣٩. التعليق المجد على التعليق على موطأ الإمام محمد للكنوى

٤٠. التعليق على كتاب سبل السلام شرح بلوغ المرام

٤١. التعليق على كتاب مسائل جعفر بن عثمان بن أبى شيبة

٤٢. التعليقات الجياد على زاد المعاد

٤٣. التعليقات الرضية على الروضة الندية

٤٤. التوسل، أحكامه وأنواعه

٤٥. الثمر المستطاب فى فقه السنة والكتاب

٤٦. الجمع بين ميزان الاعتدال للذهبي و لسان الميزان لابن حجر

٤٧. الحديث حجة بنفسه فى العقائد والأحكام

٤٨. الحوض المورود فى زوائد منتقى ابن الجارود

٤٩. الذب الأحمد عن مسند الإمام أحمد

٥٠. الرد على رسالة الشيخ التويجري فى بحوث من صفة الصلاة

٥١. الرد على كتاب المراجعات لعبد الحسين شرف الدين

٥٢. الردّ على رسالة التعقب الحثيث

٥٣. الردّ على رسالة أرشد السلفى

٥٤. الروض النضير فى ترتيب و تخريج معجم الطبرانى الصغير

٥٥. السفر الموجب للقصر

٥٦. اللحية فى نظر الدين

٥٧. المحو والإثبات

٥٨. المسيح الدجال و نزول عيسى عليه الصلاة والسلام

٥٩. المنتخب من مخطوطات الحديث

٦٠. الأحاديث الضعيفة والموضوعة التى ضعّفها أوأشار إلى ضعفها ابن تيمية فى مجموع الفتاوى

٦١. مقدمة الأحاديث الضعيفة والموضوعة فى أمهات الكتب الفقهية

٦٢. الأحاديث المختارة

٦٣. الأمثال النبوية

٦٤. بغية الحازم فى فهارس مستدرك الحاكم

٦٥. تاريخ دمشق لأبى زرعة رواية أبى الميمون

مختلف زبانوں میں شیخ رحمہ اللہ کی بعض مؤلفات کے تراجم

یوں تو شیخ رحمہ اللہ کی متعدد مؤلفات کے تراجم اردو، انگریزی، ترکی، تامل، تلگو، بنگالی، سندھی، پشتو، تگالو، سنہالی، ملیالم اور فرانسیسی وغیرہ زبانوں میں طبع ہو چکے ہیں مگر جو تراجم خود راقم نے دیکھے ہیں وہ صفۃ صلاۃ النبیؐ، کتاب الجنائز، سلسلۃ الاحادیث الضعیفۃ والموضوعۃ، حجیتِ حدیث، مناسک الحج والعمرۃ کا انگریزی ترجمہ اور صفۃ صلاۃ النبیؐ کا ترکی ترجمہ ہے۔ حجیتِ حدیث کا اردو ترجمہ مولانا عبدالوہاب حجازی اور بدر الزماں نیپالی کی کوششوں کا نتیجہ ہے جو جامعہ سلفیہ بنارس سے طبع ہوا ہے جبکہ صفۃ صلاۃ النبیؐ کا ترکی ترجمہ ڈاکٹر یونس وہبی یا غمز (مدرس الفقہ بجامعۃ الدوغ، الکلیۃ الشریعۃ) کی ساعی کا نتیجہ ہے۔

شیخ رحمہ اللہ نے بعض سنتوں کو زندہ کیا، اور ان کے لئے باقاعدہ علمی خدمات اور رکتابچے تحریر فرمائے۔ بعض مسائل کی طرف توجہ دلانے میں آپ کو انفرادی حیثیت حاصل تھی ۔۔۔۔۔۔ آپ بعض مسائل میں دیگر علماءِ امت سے ایک منفرد موقف رکھتے تھے، بعض امور میں آپ کی مخصوص آراء تھیں ۔۔۔۔۔۔ اسی طرح بعض لوگوں نے شیخ رحمہ اللہ کے مخصوص ذوقِ حدیث اور مقبولیت سے چڑ کھاتے ہوئے آپ پر بہتان طرازی کی، آپ کی علمی شخصیت کے بارے میں شبہات قائم کئے۔ ان تمام شبہات و افتراءات کا شیخ محمد بن ابراہیم شیبانی نے خوب تفصیلی جائزہ لیا ہے اور شیخ کے دفاع کا حق ادا کر دیا ہے۔

مذکورہ بالا امور کی نشاندہی کتاب حیاۃ الألبانی (ص ۴۹۸ تا ۵۳۸ جلد دوم) میں بڑی وضاحت سے کی گئی ہے، تفصیلات کے خواہشمند اس کتاب سے رجوع کریں۔

شیخ رحمہ اللہ کے اوصافِ حمیدہ میں سے ایک امتیازی وصف

شیخ رحمہ اللہ کے اوصافِ حمیدہ کا شمار اگرچہ ممکن نہیں ہے لیکن جو وصف آپ کو دوسروں سے بالکل نمایاں کرتا تھا، یہ ہے کہ آپ دوسروں کے ساتھ علمی مباحثے کے دوران انصاف اور حق واضح ہو جانے پر بلا تردد اپنی رائے سے رجوع کر لیتے تھے۔ حق کو قبول کرنے میں آپ قطعاً شرم محسوس نہیں کرتے تھے۔ یہی وجہ ہے کہ آپ نے اپنی بیشتر کتب، لیکچرز اور دورس میں اس مبارک اور نیک عادت کا اظہار کیا ہے۔ مختصر الشمائل محمدیۃ، صفۃ صلاۃ النبیؐ، شرح العقیدۃ الطحاویۃ، مشکاۃ المصابیح، صحیح و ضعیف الجامع الصغیر و زیادتہ اور سلسلۃ الأحادیث الضعیفۃ والموضوعۃ وغیرہ کتب کے مقدمات آپ کے رجوع الی الحق پر شاہد ہیں۔ متعدد بار راقم کو بھی ذاتی طور پر آپ کی اس خصلتِ حمیدہ کا اعتراف کرنا پڑا ہے۔

شیخ رحمہ اللہ کے مشہور تلامذہ

شیخ رحمہ اللہ کے شاگرد بے شمار ہیں لیکن جنہیں بلاواسطہ شرفِ تلمذ حاصل ہے وہ بہت کم ہیں، جنہیں مباشرۃ تلمذ حاصل نہیں ہے، ان کی تعداد بہت ہے۔ یہ وہ لوگ ہیں جنہوں نے شیخ کی کتب یا آپ کے محاضرات اور دروس کی ریکارڈ شدہ کیسٹوں کے توسط سے استفادہ کیا ہے۔ ذیل میں آپ کے ان شاگردوں کا تذکرہ پیش خدمت ہے جنہیں آپ سے باقاعدہ اور مباشرۃ اکتسابِ علم کا شرف حاصل ہوا ہے:

(۱) شیخ حمدی عبدالمجید السلفی جو معروف محقق اور صاحبِ تحقیقات و مؤلفات و تخریجاتِ علمیہ کثیرہ ہیں۔ ۳۷ سے زیادہ کتب آپ کی مساعی جمیلہ کا ثمرہ ہیں۔

(۲) شیخ عبدالرحمٰن عبدالخالق جو معروف مؤلف ہیں۔ متنوع علوم مثلاً دعوت و ارشاد، اقتصادِ اسلامی، نظامِ شورائیت، نظامِ حکم، سیاست اور تربیتِ اسلامیہ پر آپ کی ۲۴ سے زیادہ مؤلفات ہیں۔

(۳) ڈاکٹر عمر سلیمان الاشقر جو ۱۸ سے زیادہ کتابوں کے مؤلف اور شریعت فیکلٹی، کویت یونیورسٹی میں پروفیسر ہیں۔

(۴) شیخ خیر الدین وائلی جو ۹ سے زیادہ وقیع کتابوں کے مؤلف ہیں۔

(۵) شیخ محمد عید عباسی جو آپ کے نمایاں تلامذہ اور خادموں میں شمار کئے جاتے ہیں۔ متنوع علوم میں متعدد مباحث کے مرتب ہیں۔

(۶) شیخ محمد ابراہیم شقرۃ جو شیخ رحمہ اللہ کے قریب تر تلامذہ میں شمار کئے جاتے ہیں، مسجد اقصیٰ کے سرپرست اور مسجد صلاح الدین (عمان، اُردن) کے خطیب ہیں۔ ۶ سے زیادہ نافع مؤلفات آپ کی کاوشوں کا ثمرہ ہیں۔

(۷) شیخ عبدالرحمٰن عبدالصمد جو حلب و حماۃ وغیرہ شہروں میں شیخ کی خدمت میں سالہا سال رہے، جامع الوفرۃ (کویت) کے امام و خطیب ہیں اور صاحبِ مؤلفات و بحوثِ کثیرہ ہیں۔

(۸) شیخ محمد بن جمیل زینو جو شیخ کی خدمت میں حلب، حماۃ اور الرقہ وغیرہ مناطق میں طویل عرصہ رہے، ایک عرصہ سے مدرسہ دارالحدیث الخیریہ (مکۃ المکرمۃ) میں استاذ ہیں اور تقریباً ۱۰ سے زیادہ کتابوں کے مؤلف ہیں۔

(۹) شیخ مقبل بن ہادی الوداعی جنہوں نے الجامعۃ الاسلامیۃ میں شیخ سے تیسرے سال میں قواعد مصطلح الحدیث و علم الاسناد پڑھا پھر شیخ کی خدمت میں رہے، آپ ۱۰ سے زیادہ مفید مؤلفات کے مؤلف ہیں۔

(۱۰) شیخ زہیر الشاویش جو المکتب الاسلامی کے مالک اور متعدد کتب کے محقق اور مخرج ہیں۔ ۱۹ سے زیادہ کتب آپ کی مساعی کا نتیجہ ہیں۔

(۱۱) شیخ مصطفیٰ الزربول جو وزارۃ الأوقاف الکویتیہ کی طرف سے امام مقرر ہیں۔

(۱۲) شیخ علی خشان جو شیخ رحمہ اللہ کے شام کے خادم اور اقرب تلامذہ میں شمار کئے جاتے ہیں، صاحب مؤلفات ہیں۔

(۱۳) شیخ عبدالرحمٰن البانی

(۱۴) شیخ خلیل عراقی الحیانی

شیخ رحمہ اللہ کی اولاد

اللہ تعالیٰ نے شیخ رحمہ اللہ کو تین بیویوں سے تیرہ بچے اور بچیاں عطا کی ہیں، چوتھی بیوی سے کسی اولاد کا علم نہیں ہے۔ پہلی بیوی سے عبدالرحمٰن، عبداللطیف، عبدالرزاق، دوسری بیوی سے عبدالمصور، عبدالاعلیٰ، محمد، عبد المہیمن، انیسہ، آسیہ، سلامہ، حسانہ، سکینہ، اور تیسری بیوی سے ھبۃ اللہ۔

شیخ رحمہ اللہ کی علالت اور وفات

شیخ رحمہ اللہ گزشتہ کئی ماہ سے مسلسل بیمار تھے، علاج کی غرض سے ہسپتال میں داخل بھی رہے لیکن آخر کار ۲؍اکتوبر ۱۹۹۹ء کو اُردن میں فکرو بصیرت کا یہ روشن ستارہ، امتِ اسلامیہ کا یہ بطل جلیل، مقتدر عالم، باوقار مبلغ، دوراندیش مفتی، علم و فن کا امام، تصنیف و تالیف کے میدانوں کا مشہوار اور دعوت و تبلیغ کی محفلوں کی یہ شمع فروزاں بھی گل ہوگئی فإنا لله وإنا إليه راجعون

آپ کی وفات سے عالم اسلام بلاشبہ ایک قبجر عالم، محدث، عصر اور جلیل القدر مفسر سے محروم ہوگیا ہے۔ آپ کے ارتحال کی خبر پا کر دنیا کے اطراف و اکناف میں علومِ حدیث کے شائقین کے چہرے سوگوار ہوگئے۔ مشاہیر نے آپ کی وفات کو پوری اُمت کا عظیم خسارہ قرار دیا ہے۔ اگر یہ کہا جائے کہ تمام عالم اسلام آپ کی جدائی پر ماتم کناں ہے تو غلط نہ ہوگا کہ

ہزاروں سال نرگس اپنے بے نوری پر روتی ہے

بڑی مشکل سے ہوتا ہے چمن میں دیدہ ور پیدا

اللہ رب العزت آپ کی تمام مساعی ٔ جمیلہ کو شرفِ قبولیت بخشے، آپ کو کشادہ جنت میں جگہ عطا فرمائے اور پسماندگان کو صبر جمیل کی توفیق بخشے۔ آمین!

محدثِ جلیل کی رحلت   حافظ صلاح الدین یوسف

شیخ البانی رحمہ اللہ کی عظیم خدمات کا ایک مختصر تذکرہ

افسوس ہے کہ ۲ر اکتوبر ۱۹۹۹ء کو اُردن میں علم وتحقیق کا وہ آفتاب غروب ہوگیا، جس سے پورا عالم اسلام روشنی حاصل کر رہا تھا، یعنی شیخ الاسلام والمسلمین محمد ناصر الدین الالبانی رہگزرائے عالم بقا ہوگئے۔ انا للہ وانا الیہ راجعون!

شیخ البانی اپنے وقت کے عظیم محقق، محدث اور داعیٔ کبیر تھے، انہوں نے بیک وقت کئی محاذوں پر اتنے عظیم کارنامے سرانجام دیئے ہیں جو کئی ادارے اور بڑی بڑی اکیڈمیاں بھی مل کرنہیں کرسکتیں تھیں۔ ان کا سب سے بڑا کارنامہ احادیث کی تحقیق وتخریج اور اس کے ذوق کا عام کرنا تھا۔ اس سلسلے میں ان کی عظیم الشان خدمات کا دائرہ نہایت وسیع ہے۔ جس کی تفصیل اہلِ علم وتحقیق ہی صحیح معنوں میں بیان کر سکتے ہیں اور کریں گے۔ تاہم ایک اجمالی سا تذکرہ یہاں کیا جاتا ہے:

ان کی ایک عظیم خدمتِ حدیث یہ ہے کہ انہوں نے سنن اربعہ (ابوداود، نسائی، ترمذی اور ابن ماجہ) چاروں کتابوں کی احادیث کی تحقیق اور چھان پھٹک کرکے ضعیف اور صحیح دونوں قسم کی روایات کو الگ الگ کردیا۔ یہ چاروں کتابیں صحیحین (بخاری ومسلم) کے ساتھ مل کر صحاحِ ستہ کہلاتی تھیں۔ جس سے عام تاثر یہ ملتا تھا کہ مذکورہ چاروں کتابوں کی روایات بھی، صحیح بخاری ومسلم کی روایات کی طرح صحیح ہیں۔ چنانچہ کسی روایت کا ان کتابوں میں ہونا ہی، اس کے مستند ہونے کے لئے کافی سمجھا جاتا تھا اور اس کی تحقیق کی جاتی تھی نہ اس کی ضرورت ہی سمجھی جاتی تھی۔ حالانکہ صحیحین کی روایات کو تو یقیناً یہ مقام حاصل تھا اور ہے لیکن سنن اربعہ کی روایات کا یہ مقام نہیں تھا۔ صحاحِ ستہ کی اصطلاح اور علماء کے تساہل یا فنِ تخریج حدیث سے ناواقفیت کی وجہ سے سنن اربعہ کو بھی عملاً صحیحین کا درجہ غیر شعوری طور پر حاصل تھا۔ شیخ البانی رحمہ اللہ نے پہلی مرتبہ سنن اربعہ کو دو دو حصوں میں تقسیم کرکے، علماء کو آسانی مہیا فرمادی۔ اب ہر عالم، جو تحقیق حدیث کے فن سے آشنائی یا اس میں درک اور تجربہ نہیں رکھتا، وہ بھی ان میں موجود روایات سے آگاہی حاصل کرسکتا ہے کہ کون سی روایت صحیح ہے او رکون سی روایت ضعیف؟ علاوہ ازیں ان کا یہ موقف بھی تھا کہ صحاحِ ستہ کی اصطلاح، قابلِ اصلاح ہے۔ وہ فرماتے تھے کہ بخاری ومسلم کو صحیحین (حدیث کے دو صحیح مجموعے) اور باقی چار کتابوں کو سنن اربعہ کہا جائے اور صحاحِ ستہ کی اصطلاح ترک کردی جائے، تا کہ لوگ سنن اربعہ کو بھی صحیحین کی طرح احادیث کا صحیح مجموعہ نہ

سمجھیں۔

شیخ البانی کے اس عظیم کارنامے کو بعض لوگ تحسین کی نظر سے نہیں دیکھتے، بلکہ اس پر تنقید کرتے ہیں کہ ائمہ محدثین کی یہ کتابیں صدیوں سے متداول چلی آرہی تھیں، ان میں بنیادی تبدیلی کرکے، ان کی اصل حیثیت کو مجروح کردیا گیا ہے لیکن اس اعتراض میں کوئی معقولیت نہیں ہے۔ جب شیخ مرحوم نے محدثانہ اصول نقد و جرح ہی کی روشنی میں ایک ایسا کام کیا ہے جس کی فی الواقع شدید ضرورت تھی، اور جس کی اہلیت و صلاحیت سے بعض علماء عاری ہوتے ہیں، تو علماء کے لئے یہ آسانی بہم پہنچا دینا کہ وہ صحیح اور ضعیف روایات کو پہچان سکیں، تحسین و آفرین کے قابل ہے نہ کہ تقبیح و تنجین کے۔

دوسرا اعتراض وہ یہ کرتے ہیں کہ ضروری نہیں کہ شیخ البانی نے جسے صحیح میں یا ضعیف میں درج کیا ہے، وہ روایت واقعی صحیح یا ضعیف ہو، بلکہ عین ممکن ہے کہ جس حدیث کو انہوں نے صحیح سمجھا ہو، وہ ضعیف ہو اور جس ضعیف قرار دیا ہو، وہ صحیح ہو۔ اس لئے ایسے کام کا کیا فائدہ؟ لیکن ہم عرض کریں گے کہ جہاں تک خطا کا تعلق ہے، تو وہ مسلم ہے، کوئی بھی انسانی محنت و کاوش، امکانِ خطا سے پاک نہیں۔ لیکن محض امکانِ خطا یا چند روایات میں خطا سے اس سارے کام کی قدر و قیمت ختم ہوجائے گی جو شیخ مرحوم نے کیا ہے؟ ایسا کہنا یا سمجھنا یکسر غلط ہے۔ یہ ٹھیک ہے کہ ان کے صحت و ضعف کے حکم سے اختلاف کیا جاسکتا ہے، علم و تحقیق کا یہ دروازہ تو ہمیشہ سے کھلا رہا ہے اور کھلا رہے گا اور جب تک یہ دروازہ کھلا ہے، شیخ البانی مرحوم کی تحقیقات سے بھی دلائل کی رو سے اختلاف کیا جاسکتا ہے اور کیا جاتا رہے گا، لیکن محض چند روایات میں اختلاف یا خطا کے اِمکان سے شیخ مرحوم کی اس عظیم الشان خدمت کی تحقیر نہیں کی جاسکتی جس کی توفیق صدیوں بعد اللہ نے ان کو عطا فرمائی۔ یہ ان کی جلیل القدر خدمت ہے، جس سے علماء کی ایک بہت بڑی اکثریت سنن اربعہ میں موجود ضعیف روایات سے آگاہ ہوئی۔

مشکوٰۃ المصابیح بھی مدارسِ دینیہ اور علمی و دینی حلقوں میں متداول کتاب ہے، اسے بھی اللہ نے قبولیتِ عامہ سے نوازا ہے۔ مگر اس میں بھی بہت سی ضعیف روایات موجود ہیں، لیکن چونکہ علماء کی اکثریت تحقیق حدیث کے ذوق اور فن کی عادی نہیں ہے، اس لئے اس کی ضعیف روایات بھی زبان زدِ عوام و خواص ہیں۔ اس کتاب کو بھی شیخ البانی نے اپنی تعلیقات کے ساتھ شائع کیا، تو اکثر مقامات پر انہوں نے صحیح و ضعیف روایات کی وضاحت کردی ہے، جس سے پہلی مرتبہ اکثر لوگوں کو اس کی بہت سی ضعیف روایات کا علم ہوا، ورنہ اس سے پیشتر اس کی روایات کو تقریباً صحیح ہی سمجھا جاتا تھا، یا کم از کم ہر صاحبِ علم بالخصوص واعظان منبر و محراب اور مسند نشینان دعوت و ارشاد روایات کی تحقیق اور جانچ پڑتال سے غفلت کرتے تھے۔ اللہ تعالیٰ جزائے خیر دے شیخ البانی کو، انہوں نے اس پر بھی مختصر سا کام کرکے عام علماء کے لئے ایک بہت بڑی سہولت عطا فرما دی، جس سے بہت سی روایات کی حقیقت سامنے

آئی، اور ان کا ضعف واضح ہوا۔

منار السبیل فقہ حنبلی کی ایک کتاب ہے، اس کی روایات کی بھی مفصل تخریج و تحقیق شیخ مرحوم نے کی۔ یہ بھی شیخ کی ایک نہایت اہم کتاب ہے جو 8 جلدوں میں ہے، اس میں 2074 احادیث اور ان کے ضمن میں دیگر سینکڑوں احادیث کی تحقیق ہے۔ یہ إرواء الغليل کے نام سے مطبوع اور معروف ہے۔

شیخ مرحوم نے صحیح و ضعیف احادیث کا ایک اور سلسلہ شروع کیا ہوا تھا۔ ایک سلسلے کا نام "الأحاديث الصحيحة وشيئ من فقهها وفوائدها" اور دوسرے کا نام "الأحاديث الضعيفة و أثرها السيئ في الأمة" ہے۔ ان دونوں سلسلوں کے 5،6،7،6 حصے شائع ہو چکے ہیں، لیکن سننے میں آیا ہے کہ جتنے حصے ان کے شائع ہوئے ہیں، اتنا ہی مواد یا اس سے کچھ کم و بیش ابھی تک غیر مطبوعہ ہے جس پر شیخ مرحوم اپنی تحقیقات مکمل کر چکے ہیں۔ ان کی کتابوں کے ناشر شیخ زہیر الشاویش سے امید ہے کہ وہ شیخ کے مسودات ہر صورت میں حاصل کر کے انہیں جلد از جلد زیورِ طباعت سے آراستہ کر کے منصۂ شہود پر لائیں گے، تاکہ اہلِ علم ان سے استفادہ کر سکیں اور حضرت شیخ کے لئے وہ صدقۂ جاریہ بنے۔

اس قسم کی اور متعدد کتابیں ہیں جو شیخ مرحوم کی علمی یادگار ہیں اور ان میں درج احادیث کی صحت و ضعف کی صراحت سے اہلِ علم و تحقیق کو بہت فائدہ پہنچا اور پہنچ رہا ہے اور اب تا قیامت پہنچتا رہے گا۔ جیسے فقہ السنۃ (جو سید سابق مصری کی نہایت بلند پایہ اور بڑی مقبول کتاب ہے) اس کی احادیث کی تخریج و تحقیق "تمام المنۃ" کے نام سے اور علامہ یوسف قرضاوی کی کتاب "الحلال والحرام" کی احادیث کی تخریج و تحقیق توضیح المرام کے نام سے۔ اس وقت ان تمام کتابوں کا شمار یا شیخ کی تالیفات کی مکمل تفصیل پیش کرنا مقصود نہیں۔ یہ تو بہت بڑا کام ہے جو کوئی صاحبِ علم و تحقیق اور کوئی دیدہ ورسوانح نگار ہی کر سکتا ہے، راقم کا مقصود تو ان عظیم خدمات کی طرف صرف اشارہ کرنا ہے جو اس دور میں شیخ مرحوم نے اللہ کی توفیق سے سرانجام دی ہیں۔ واقعہ یہ ہے کہ صدیوں بعد یہ عظیم محدث پیدا ہوا تھا، جس نے محدثین عظام کے دور کو بھی تازہ کر دیا اور انہی کے چھوڑے ہوئے کام کی ایک گونہ تکمیل بھی کی۔ ذلك فضل الله يؤتيه من يشاء ۔

ایں سعادت بہ زور بازو نیست

تا نہ بخشد خدائے بخشندہ

شیخ کی اس محنت و کاوش اور تالیفات و تحقیقات کا صرف یہی فائدہ نہیں ہوا کہ عام علماء کے لئے آسانی پیدا ہو گئی، بلکہ ایک دوسرا بڑا فائدہ یہ بھی ہوا کہ اس ایک چراغ سے بہت سے چراغ روشن ہوئے،

تحقیق حدیث کا ذوق عام ہوا، اور اب دسیوں، بیسیوں نہیں، سینکڑوں بلکہ ہزاروں کی تعداد میں ایسے علماء ہیں جو شیخ کے منہاج پر، جو دراصل محدثین ہی کا منہاج ہے، حدیث کی تحقیق و تخریج کا کام کر رہے ہیں۔ اور مشرق سے لے کر مغرب تک، جنوب سے لے کر شمال تک، عرب و عجم میں ہر جگہ احادیث کے مجموعوں کو تحقیق و تدقیق کے مراحل سے گزارا جا رہا ہے، تا کہ صحیح احادیث، ضعیف احادیث سے الگ اور ممتاز ہو جائیں۔ یہ شیخ مرحوم کا وہ فیضان عام ہے جو ان کے مختصر سے تدریسی دور سے، جو انہوں نے مدینہ یونیورسٹی میں گزارا، اور ان کی تالیفات سے، جو عرب و عجم میں یکساں مقبول ہیں، علماء تک پہنچا اور اب وہ اسے مزید عام کر رہے ہیں۔ فجزاہ اللہ عن الاسلام والمسلمین خیر الجزاء۔

دوسری عظیم خدمت جو شیخ البانی نے سرانجام دی، وہ ہے حدیث کی حجیت و استناد کا اثبات اور عمل بالحدیث کے جذبے کا احیا اور فروغ، جس سے جدید و قدیم منکرین حدیث کے شبہات کا ازالہ ہوا، فقہی جمود ٹوٹنا اور تقلید کی جکڑ بندیاں ڈھیلی ہوئیں۔ یہ دونوں کام اگرچہ تقریباً ایک صدی سے سلفی تحریک کے ذریعے سے ہو رہے تھے، لیکن شیخ نے اپنے افکار، دعوت و تبلیغ اور تالیفات کے ذریعے سے اس تحریک سلفیت میں ایک نئی روح پھونکی اور اسے عالمی جہتوں سے ہمکنار کر کے پورے عالم اسلام میں اس کے اثرات پھیلا دیے۔ اس سلفی ذہن و جذبے کے احیاء و فروغ میں شیخ ابن باز مرحوم کا بھی بڑا حصہ ہے۔ اس لئے اگر یہ کہا جائے کہ اس دور میں ان دونوں شخصیات نے دین کی تجدید اور اس کے احیاء کا کام جس شدت اور قوت سے کیا ہے، وہ کسی اور کے حصے میں نہیں آیا، تو اس میں قطعاً مبالغہ نہ ہوگا۔ اس اعتبار سے یہ دونوں شخصیات اس حدیث "إن الله ليبعث لهذا الامة على رأس كل مائة سنة من يجدد لها دينها" (رواہ ابوداود، مشکوٰۃ، کتاب العلم، الفصل الثانی) کا مصداق ہیں۔ واللہ اعلم!

باقی ہر صاحب علم کی طرح شیخ البانی کے بھی کچھ شذوذ و تفردات تھے، جیسے دارھی، مسئلہ حجاب اور سونے کے زیورات کا استعمال، وغیرہ کے مسائل ہیں۔ ان میں ان کی رائے سلفی علماء کی رائے سے مختلف تھی۔ اللہ تعالیٰ ان کی غلطیوں کو معاف فرمائے اور ان کو دوسروں کی لغزش کا ذریعہ نہ بنائے۔ بہرحال ان کی وفات عالم اسلام کے لئے ایک بہت بڑا سانحہ ہے، وہ اپنے وقت کے عظیم محدث بھی تھے اور بے مثال محقق بھی، ایک مبلغ و داعی کبیر بھی تھے اور شفیق استاذ و معلم بھی، صاحب حال صوفی، صافی بھی تھے اور صاحب قال عظیم واعظ بھی وليس للہ بمستنكر أن يجمع العالم فی واحد

غفر اللہ لہ و رحمہ و برد مضجعہ و جعل الجنۃ مثواہ !!

نقد و نظر

مولانا ارشاد الحق اثری

ممبر اسلامی نظریاتی کونسل

علامہ محمد ناصر الدین البانیؒ اور ضعیف احادیث

۱۹۹۹ء کا یہ سال، عالم اسلام بالعموم اور سلفی حضرات کے لئے بالخصوص 'عامِ حزن' ہے، جس میں یکے بعد دیگرے نامور اسلامی شخصیات اس جہانِ فانی سے رخصت ہو کر اپنے خالقِ حقیقی کے پاس پہنچ گئیں اور عالم اسلام ان کے علم و فضل سے محروم ہو گیا۔ انا للہ وانا الیہ راجعون! ...... اسی سال داعئ مفارقت دینے والے حضرات میں حضرت شیخ مصطفیٰ زرقا، شیخ مناع قطان، شیخ عطیہ سالم، شیخ علی طنطاوی، مولانا محمد عبدہ الفلاح، شیخ محمد عمر فلاتہ، شیخ عبدالقادر حبیب اللہ سندھی، شیخ علامہ عبدالعزیز بن باز اور آخر میں محدث العصر حضرت علامہ شیخ الالبانی حمیم اللہ سرفہرست ہیں۔ ان حضرات نے دینِ حنیف کی کس قدر خدمات سرانجام دیں، کتاب و سنت کی تعلیمات کو پھیلانے اور مردہ دلوں کو نورِ ایمان سے منور کرنے میں جو سعیٔ بلیغ کی اس کی داستان نہایت طویل ہے۔ ان میں بالخصوص شیخ ابن باز اور شیخ البانی کی خدمات کا دائرہ تو اتنا وسیع ہے کہ ع سفینہ چاہئے اس بحرِ بے کراں کے لئے!!

زیرِ نظر تحریر میں ہم مؤخر الذکر حضرت شیخ البانیؒ کے منہج اور حدیثِ نبوی کے حوالہ سے ان کے ایک موقف کی وضاحت کریں گے۔ انہوں نے گو ایک سو سے زائد کتابیں تصنیف کی ہیں اور ہر کتاب اپنے موضوع کے اعتبار سے نادر تحقیقات پر مشتمل ہے مگر ان میں زیادہ مشہور کتب سلسلۃ الأحادیث الصحیحۃ، سلسلۃ الأحادیث الضعیفۃ، إرواء الغلیل، صفۃ صلاۃ النبی ﷺ، صحیح جامع الصغیر، ضعیف جامع الصغیر، إتمام المنۃ، غایۃ المرام، أحکام الجنائز اور تحذیر الساجد وغیرہ ہیں۔

حدیث و سنت کے باب میں ان کی سب سے بڑی کاوش یہ ہے کہ انہوں نے اس رجحان کی آبیاری کی کہ أحکام و مسائل میں صحیح اور حسن حدیث کا ہی اہتمام کیا جائے، ضعیف پر قطعا عمل نہ کیا جائے۔ اسی طرح فضائل و مستحبات میں بھی ضعیف پر اعتماد نہ کیا جائے۔ اسی بنا پر انہوں نے ذخیرۂ احادیث میں سے صحیح اور ضعیف روایات کو چھانٹ کر رکھ دیا۔ سلسلۃ الأحادیث الصحیحۃ، سلسلۃ الأحادیث الضعیفۃ، صحیح جامع الصغیر، ضعیف جامع الصغیر کے علاوہ

صحیح أبی داود، ضعیف أبی داود، صحیح الترمذی، ضعیف الترمذی، صحیح النسائی، ضعیف النسائی، صحیح ابن ماجة، ضعیف ابن ماجة، صحیح الترغیب و الترھیب، ضعیف الترغیب والترھیب، صحیح الأدب المفرد، ضعیف الأدب المفرد اور صحیح الکلم الطیب وغیرہ اسی سلسلة الذھب کی کڑیاں ہیں۔ان کے صحت وضعف کے حکم پر نقد و تبصرہ اہل علم کا حق ہے۔ کیونکہ شیخ الالبانی بھی انسان ہیں اور سہو و خطا سے کون انسان ہے جو محفوظ رہا ہو۔ خود راقم الحروف ناچیز بھی کئی مقامات پر شیخ مرحوم سے متفق نہیں۔ لیکن اس کا یہ مطلب قطعًا نہیں کہ ان کی چند ایک خطاؤں کی بنا پر ان کی خدمات ِجلیلہ کو ہدفِ تنقید بنالیا جائے اور محض معاصرانہ چشمک میں بات کا بتنگڑ بنا دیا جائے۔ مثلًا یہی دیکھیے کہ شیخ ابوغدہ، شیخ ابوعولہ وغیرہ کو الصحیحة اور الضعیفة کی تقسیم و تفریق ہی نہیں بھاتی۔ جس کی تفصیل "أثر الحدیث الشریف فی إختلاف الأئمة الفقھاء" لأبی عوامة اور حواشی ظفر الأمانی لأبی غدة میں دیکھی جاسکتی ہے۔

ہم یہاں اس مسئلہ میں شیخ الالبانی کے موقف کی وضاحت کرنا چاہتے ہیں اور بتلانا چاہتے ہیں کہ ان کا یہ موقف نیا نہیں۔ امام بخاری امام مسلم وغیرہ کا بھی یہی موقف تھا، چنانچہ موصوف فرماتے ہیں:

"أن الحدیث الضعیف لایعمل بہ مطلقًا لا فی الفضائل والمستحبات ولا فی غیرھما، ذلک لأن الحدیث الضعیف إنما یفید الظن المرجوح بلا خلاف أعرفہ بین العلماء وإذا کان کذلک فکیف یقال بجواز العمل بہ واللہ عزوجل قد ذمہ فی غیر ما آیة من کتابہ فقال تعالٰی ﴿إِنَّ الظَّنَّ لَایُغْنِیْ مِنَ الْحَقِّ شَیْئًا﴾ وقال:﴿إِنْ یَّتَّبِعُوْنَ إِلَّا الظَّنَّ﴾ وَقَالَ رسول اللہﷺ "إیاکم والظن فان الظن أکذب الحدیث" أخرجہ البخاری و مسلم" (مقدمہ ضعیف الجامع، ص۴۵)

"ضعیف حدیث پر مطلقًا عمل نہ کیا جائے نہ فضائل و مستحبات میں اور نہ ان کے علاوہ کسی اور موقع پر کیونکہ ضعیف حدیث کے بارے میں علماء کا اتفاق ہے کہ یہ ظن مرجوح کا فائدہ دیتی ہے۔ لہٰذا جب اس کی یہ پوزیشن ہے تو اس پر عمل کیونکر جائز قرار دیا جاسکتا ہے۔ کیونکہ اللہ تعالٰی نے اپنی کتاب کی بہت سی آیات میں ظن کی مذمت بیان کی چنانچہ فرمایا ہے "بے شک جہاں یقین چاہیے، وہاں ظن کوئی کام نہیں آتا" نیز فرمایا "وہ تو محض ظن کی پیروی کرتے ہیں" اور رسول اللہ ﷺ نے فرمایا ہے کہ "ظن سے بچو کیونکہ ظن بہت جھوٹی بات ہے"

ضعیف حدیث پر عمل نہ کرنے کی جو دلیل اصولی طور پر علامہ الالبانیؒ نے پیش کی ہے۔ صحیح خبر واحد کو ظنی کہہ کر درخور اعتنا نہ سمجھنے والوں کے لیے باعثِ تامل ہے۔ ضعیف کی حیثیت تو "ظن مرجوح" کی ہے اور اس پر عمل بھی بقول حافظ ابن حجرؒ اس شرط پر ممکن ہے کہ اس کے ثبوت کا اعتقاد نہ ہوتا کہ نبی کریم ﷺ کی طرف ایسی چیز منسوب نہ ہوجائے جو آپ نے نہیں کہی۔ چنانچہ ضعیف حدیث

پرعمل کے لئے شروط ثلاثہ کا ذکر کرتے ہوئے آپ تیسری شرط یکی بیان کرتے ہیں:

"أن لا یعتقد عند العمل به ثبوته لئلا ینسب إلی النبی ﷺ مالم یقله"

"اس پرعمل کے وقت اس کے ثبوت ہونے کا یقین نہ رکھا جائے تا کہ نبی اکرم کی طرف کوئی ایسی بات منسوب نہ ہو جائے جو آپ نے نہیں فرمائی" (القول البدیع: ص ۲۵۸)

بلکہ خود حافظ ابن حجرؒ کے الفاظ اس بارے میں انتہائی غورطلب ہیں، چنانچہ لکھتے ہیں:

"ولکن اشتهر أن أهل العلم یتسمحون فی ایراد الأحادیث فی الفضائل وإن کان فیها ضعف مالم تکن موضوعة، وینبغی مع ذلک اشتراط أن یعتقد العامل کون ذلک الحدیث ضعیفا وأن لایشهر ذلک لئلا یعمل المرأ بحدیث ضعیف فیشرع مالیس بشرع أویراه بعض الجهال فیظن أنه سنة صحیحة وقد صرح بمعنی ذلک الاستاذ أبو محمد ابن عبدالسلام وغیره ولیحذر المرأ من دخوله تحت قوله ﷺ من حدث عنی بحدیث یری أنه کذب فهو أحد الکذابین فکیف بمن عمل به ولا فرق فی العمل بالحدیث فی الأحکام أو فی الفضائل إذا لکل شرع" (تبیین العجب: ص ۸،۹)

"یعنی شہر رجب کے بارے میں اس کے کسی مخصوص دن روزہ رکھنے یا کسی رات قیام کی فضیلت میں کوئی قابل استدلال روایت ثابت نہیں۔ لیکن مشہور ہے کہ اہل علم احادیثِ فضائل میں تسامل سے کام لیتے ہیں اگر چہ وہ ضعیف ہی کیوں نہ ہو الا یہ کہ وہ موضوع ہو۔ لیکن اس کے ساتھ یہ شرط بھی ضروری ہے کہ اس پرعمل کرنے والا اسے ضعیف سمجھے اور اسے شہرت نہ دے تا کہ کوئی شخص ضعیف حدیث پرعمل نہ کرے اور ایسے عمل کو مشروع بنالے جو شریعت نہیں ہے یا بعض بے خبر لوگ اسے سنتِ صحیحہ نہ سمجھنے لگیں۔ اسی قسم کی تصریح استاد ابو محمد ابن عبدالسلام وغیرہ نے بھی کی ہے اور انسان کو آنحضرت ﷺ کے اس فرمان کے تحت آ جانے سے بچنا چاہئے کہ جو میری طرف سے حدیث بیان کرتا ہے جسے وہ جھوٹی سمجھتا ہے تو وہ دو میں سے ایک جھوٹا ہے۔ جب جھوٹی روایت بیان کرنے پر ایسی وعید ہے تو جواس پرعمل کرے اس کا کیا حال ہوگا اور احکام یا فضائل میں حدیث پرعمل میں کوئی فرق نہیں جب کہ ان سب کا تعلق شریعت سے ہے"

حافظ ابن حجرؒ کے الفاظ سے دو باتیں کھُل کر سامنے آتی ہیں:

(۱) دینی مسائل کا تعلق أحکام سے ہو یا فضائل سے ہو وہ بہرنوع دین ہیں۔

(۲) ضعیف روایت پرعمل کو شہرت نہ دی جائے تا کہ دین سے بے خبر لوگ اس پرعمل کو سنت نہ سمجھنے لگیں یا اس پرعمل کو شریعت نہ بنالیں۔

سوال یہ ہے کہ ضعیف حدیث پر فضائل میں عمل کر لینے کا موقف کو اپنانے کے بعد علماءِ امت نے ان شرائط کو ملحوظ رکھا؟ قطعاً نہیں بلکہ اس دائرہ کو اس قدر وسیع کر دیا کہ فضائل اعمال میں

موضوع (بناوٹی) احادیث تک کو قبول کر لیا گیا۔ چنانچہ ایک حدیث جو یومِ عرفہ کی فضیلت میں ان الفاظ سے مروی ہے: ''أفضل الأيام يوم عرفة إذا وافق يوم الجمعة فهو أفضل من سبعين حجة''

''یومِ عرفہ جمعہ کے روز ہو تو وہ سب دنوں سے افضل دن ہے اور اسی دن حج کرنا سترّ حج سے افضل ہے'' (اسے رزین نے روایت کیا ہے)

اسی روایت کے بارے میں علامہ ملاعلی قاریؒ فرماتے ہیں:

''وأما ما ذكره بعض المحدثين في أسناد هذا الحديث أنه ضعيف فعلى تقدير صحته لايضر المقصود، فان الحديث الضعيف معتبر في فضائل الأعمال'' (الأجوبة الفاضلة، ص ۳۴)

''اور یہ جو بعض محدثین نے اس کی سند کے بارے میں ذکر کیا ہے کہ وہ ضعیف ہے تو اسے صحیح تسلیم کر لینے سے بھی مقصود پر کوئی حرف نہیں آتا کیونکہ ضعیف حدیث فضائل اعمال میں معتبر ہے۔''

باعثِ تعجب ہے کہ علامہ لکھنوؒی نے بھی علامہ ملاعلی قاریؒ کی خاموش تائید ہی کی ہے۔ حالانکہ امرِ واقع یہ ہے کہ یہ روایت صرف ضعیف نہیں بلکہ باطل محض ہے۔ علامہ ابن قیمؒ رقمطراز ہیں:

''وأما ما استفاض على ألسنة العوام بأنها تعدل ثنتين وسبعين حجة فباطل لا أصل له عن رسول الله ﷺ ولا عن أحد من الصحابة والتابعين''

''لوگوں کی زبان پر جو یہ مشہور ہے کہ جمعہ کے روز کا حج بہتر حج کرنے کے برابر ہے تو یہ باطل ہے، اس کی کوئی سند رسول اللہ ﷺ سے ثابت نہیں بلکہ کسی صحابی سے، نہ ہی کسی تابعی سے اس کی کوئی بنیاد ثابت ہے۔'' (زاد المعاد: ج ۱ ص ۶۵، مطبوعہ مؤسسۃ الرسالہ)

مگر ملاحظہ فرمایا آپ نے کہ اس بے اصل روایت کو بھی فضائلِ اعمال کے معروف اصول کی بنا پر قبول کر لیا گیا۔ اس نوعیت کی روایات کو یہاں جمع کیا جائے تو یہ مختصر مضمون طویل ہو جائے گا۔ بلاشبہ علامہ ابن ہمامؒ اور انہی کی پیروی میں بہت سے علماء نے کہا ہے کہ ضعیف حدیث سے استحباب ثابت ہوتا ہے مگر قابلِ غور بات یہ ہے کہ کیا استحباب احکامِ شرعیہ میں سے ہے یا نہیں؟ (علم اصولِ فقہ میں احکام خمسہ یوں ہیں: فرض، مستحب، جائز، مکروہ اور حرام) ...... مولانا عبدالحی لکھنوؒی نے علامہ ابن ہمامؒ کی رائے کے ساتھ ساتھ محقق جلال الدین الدوانی سے اس کے برعکس یہ بھی نقل کیا ہے کہ:

''اتفقوا على أن الحديث الضعيف لا يثبت به الأحكام الخمسة الشرعية'' (الأجوبة الفاضلة، ص ۵۶)

''سب کا اتفاق ہے ضعیف حدیث سے شریعت کے احکامِ خمسہ ثابت نہیں ہوتے''

اور انہی احکام خمسہ میں ایک مستحب بھی ہے۔ لہٰذا جب استحباب کا درجہ بھی شریعت کے احکام

میں شامل ہے تو اس کو ضعیف حدیث سے ثابت کر لینا ﴿شَرَعَ لَكُم مِّنَ الدِّينِ مَا لَم يَأذَن بِهِ اللَّهُ﴾ (وہ تمہارے لئے ایسی چیزیں شریعت بنا دیتا ہے جس کی اللہ نے اجازت نہیں دی) کے زمرہ میں نہیں آتا ہے؟ ......اسی کے بارے میں حافظ ابن حجرؒ نے ''فیشرع مالیس بشرع'' کے الفاظ سے اشارہ کیا ہے۔ ضعیف حدیث پر عمل تو محض ظن مرجوح پر مبنی ہے، ظن غالب یا ظن صحیح اس کی بنیاد نہیں۔ ایسی صورت میں جبکہ کسی چیز کے ثبوت یا عدم ثبوت میں اشتباہ ہو تو فقہاءِ کرام احتیاطاً عدم ثبوت کو ترجیح دیتے ہیں ۔ سنت اور بدعت میں اشتباہ ہو تو وہاں بھی اس عمل کو چھوڑ دینا راجح قرار دیتے ہیں۔ اسی طرح جہاں ظن مرجوح اور شریعت کی تشریع کا پہلو ہو تو احتیاط کا تقاضا ہے کہ اسے چھوڑ دیا جائے۔ بالخصوص جبکہ اس اصول کی آڑ میں بہت سی بے اصل روایات کو بھی قابل اعتنا سمجھا گیا ہے اور بہت سی بدعات کو اس سے سہارا دیا گیا ہے۔ شیخ الاسلام حافظ ابن تیمیہؒ اسی مسئلہ کی وضاحت کرتے ہوئے لکھتے ہیں:

''ولا يجوز أن يعتمد في الشريعة على الأحاديث الضعيفة التي ليست صحيحة ولا حسنة، ولكن أحمد بن حنبل وغيره من العلماء جوَّزوا أن يُروٰى في فضائل الأعمال مالم يعلم أنه ثابت، إذ لم يعلم أنه كذب و ذلك أن العمل إذا علم أنه مشروع بدليل شرعي و روى في فضله حديث لا يعلم أنه كذب جاز أن يكون الثواب حقاً ولم يقل أحد من الائمة أنه يجوز أن يجعل الشئ واجباً أو مستحباً بحديث ضعيف ومن قال هذا فقد خالف الإجماع'' (القاعدة الجليلة، ص۸۴)

''یہ جائز نہیں کہ شریعت میں ضعیف احادیث پر اعتماد کیا جائے جو نہ صحیح ہیں اور نہ ہی حسن ہیں۔ لیکن امام احمدؒ وغیرہ نے کہا ہے کہ جب کسی حدیث کا جھوٹا ہونا ثابت نہ ہو اور اس کا صحیح ثابت ہونا بھی معلوم نہ ہو تو فضائل اعمال میں اسے بیان کرنا جائز ہے۔ یہ اس لئے کہ جب دلیل شرعی سے کسی عمل کا مشروع ہونا ثابت ہو اور اس کی فضیلت میں ایسی حدیث ہو جو جھوٹی نہ ہو تو اس کا حق ہونا جائز ہے اور یہ تو کسی امام نے نہیں کہا کہ ضعیف حدیث سے کسی چیز کو واجب اور مستحب قرار دیا جا سکتا ہے۔ جس نے بھی یہ کہا ہے اس نے اجماع کی مخالفت کی ہے''

شیخ الاسلامؒ نے ایک دوسرے مقام پر بڑی تفصیل سے اس مسئلہ پر بحث کی ہے جو ان کے مجموعہ فتاوٰی کی جلد ۱۸ کے ص ۶۵، ۶۸ پر دیکھی جا سکتی ہے۔ جس میں انہوں نے فرمایا ہے کہ استحباب حکم شرعی ہے جو دلیل شرعی سے ہی ثابت ہو سکتا ہے اور جو بغیر دلیل شرعی کے خبر دیتا ہے کہ اللہ تعالیٰ کو فلاں عمل محبوب ہے تو وہ دین میں ایسا طریقہ مشروع قرار دیتا ہے جس کی اجازت اللہ سبحانہ وتعالیٰ نے نہیں دی۔

شیخ البانی رحمہ اللہ نے مقدمہ صحیح الترغیب والترہیب (ص ۲۸، ۳۱) میں شیخ الاسلام کی اس عبارت کو مکمل نقل کیا ہے اور اس کے بعد علامہ ابواسحٰق شاطبیؒ کی معروف کتاب ''الاعتصام'' ج۱

ص ۲۴۹ سے اس کی مزید تائید تفصیلاً نقل کی ہے جس کا خلاصہ یہی ہے کہ بدعات کے رسیا ضعیف اور واہی احادیث سے اپنی بدعات کو اسی اصول سے سہارا دیتے ہیں کہ 'فضائلِ اعمال میں ضعیف حدیث قابلِ قبول ہیں' نیز ضعیف حدیث سے استحباب ثابت نہیں ہوتا کیونکہ استحباب احکامِ شرعیہ خمسہ میں سے ایک حکم ہے اور وہ صحیح حدیث سے ہی ثابت ہوتے ہیں ضعیف سے نہیں۔ شریعت میں کوئی حکم ثابت ہو تو اس کی فضیلت میں ترغیب و ترہیب کے طور پر ضعیف روایت میں تسامل قابلِ برداشت ہے۔ یوں نہیں کہ شرعی حکم کی بنیاد ہی ترغیب و ترہیب پر رکھی جائے۔ شیخ الاسلام ابن تیمیہؒ اور علامہ شاطبیؒ کے علاوہ امام یحییٰ بن معینؒ، امام بخاریؒ، امام مسلمؒ، علامہ ابن العربیؒ، علامہ ابن حزم رحمہم اللہ کا بھی یہی موقف ہے جیسا کہ علامہ جمال الدین قاسمیؒ نے قواعد التحدیث ص ۹۴ میں نقل کیا ہے اور یہی موقف علامہ البانیؒ کا ہے۔ الباعث الحثیثؒ ص ۱۰۱ کے حواشی میں علامہ احمد شاکرؒ نے بھی یہی موقف اختیار کیا ہے۔ علامہ البانیؒ نے اسی سلسلہ میں امام ابن حبانؒ کا کلام ان کی کتاب المجروحین کے مقدمہ سے تمام المنۃ ص ۳۳، ۳۴ میں اور امام مسلمؒ کا کلام مقدمہ صحیح الترغیب والترہیب ص ۲۶ میں درج کیا ہے۔ امام ابوشامہؒ تو یہاں تک لکھتے ہیں:

"لا یصح الآن لمسلم عالم أن یذکر إلا ما صح لئلا یشقی فی الدارین لما صحّ عن سید الثقلین أنہ قال من حدّث عنی بحدیث یری أنہ کذب فهو أحد الکاذبین" (کتاب الباعث علی إنکار البدع والحوادث، ص ۲۳۷)

''اب کسی مسلمان عالم کے لئے درست نہیں کہ صحیح کے علاوہ ضعیف اور ناقابلِ اعتبار روایت ذکر کرے تاکہ کہیں وہ دونوں جہاں میں اس رسوائی اور بدبختی کا مصداق نہ ہو جائے جو سید الثقلینﷺ نے بیان فرمائی ہے کہ جس نے بھی میری طرف سے ایسی حدیث بیان کی جسے وہ جھوٹی خیال کرتا ہے تو وہ دو میں سے ایک جھوٹا ہے۔''

مولانا عبدالحی لکھنویؒ نے الأجوبۃ الفاضلۃ اور ظفر الأمانی میں اس موضوع پر تفصیلاً بحث کی ہے اور محقق جلال الدین الدوانی کا کلام ان کے رسالہ انموذج العلوم سے نقل کیا ہے۔جس سے ضعیف حدیث سے استحباب کے ثبوت کی حیثیت واضح ہو جاتی ہے۔جس میں خلاصہ کلام کے طور پر آخر میں لکھتے ہیں:

"فلم یثبت شئ من الأحکام بالحدیث الضعیف بل أوقع الحدیث الضعیف شبهۃ الاستحباب فصار الاحتیاط أن یعمل بہ واستحباب الاحتیاط معلوم عن قواعد الشرع" انتهی (الأجوبۃ: ص ۵۹ / ظفر الامانی: ص ۱۹۳)

''ضعیف حدیث سے کوئی حکم ثابت نہیں ہوتا البتہ ضعیف حدیث نے استحباب کا شبہ پیدا کیا ہے لہٰذا احتیاط اسی میں ہے کہ اس پر عمل کیا جائے کیونکہ احتیاطاً استحباب پر عمل شریعت کے

قواعد میں معلوم ومعروف ہے۔''

گویا ضعیف حدیث سے استحباب کا محض شبہ ہوتا ہے اور احتیاطاً اس پر عمل کو اختیار کیا گیا ہے مگر اس شبہ کا ازالہ علامہ الالبانیؒ کے کلام میں پہلے گزر چکا کہ ضعیف پر عمل ظن مرجوح کی بنیاد پر ہے جس کی پیروی کا ہمیں اللہ تبارک وتعالیٰ نے حکم ہی نہیں دیا اور یہاں شبہ استحباب پر احتیاطاً عمل کی بجائے دوسرا پہلو بھی برابر کا ہے کہ فی الحقیقت یہ فضیلت نہ ہو تو ایک صورت میں یہ اپنی طرف سے ایک عمل شریعت بنا دینے کے مترادف ہو ۔ان دونوں صورتوں میں احتیاط تو ترک میں ہے نہ کہ اس پر عمل کرنے میں جیسا کہ اس کی وضاحت ہم پہلے کر چکے ہیں۔

سخت حیرت کی بات ہے کہ یہ اصول بنانے والوں نے تو اس سلسلے میں ایک روایت ہی بنا ڈالی کہ چنانچہ علامہ ابن حجر ہیثمیؒ اس دعویٰ کہ ''فضائل میں ضعیف حدیث پر عمل بالاتفاق جائز ہے'' کے بعد فرماتے ہیں کہ ایک ضعیف حدیث میں ہے:

''مَنْ بَلَغَهٗ عَنِّیْ ثَوَابُ عَمَلٍ فَعَمِلَهٗ حَصَلَ لَهٗ أُجر وإن لم أُکن قلتﮧ أو كما قال'' (الاجوبۃ، ص۴۲)

''جسے میری طرف سے کسی عمل پر ثواب ہونے کا علم ہو پھر وہ اس پر عمل کرے، اسے اس عمل کا اجرو ثواب ملے گا اگرچہ میں نے وہ بات نہ کہی ہو''

لیجئے اس موقف پر ہلکہ کہئے کہ فضیلتِ عمل میں ضعیف حدیث پر عمل کے لئے ضعیف حدیث بھی موجود لہٰذا اب اس کا انکار کیسے؟ ..... حالانکہ ان الفاظ کے ساتھ ذخیرۂ احادیث میں کوئی حدیث منقول نہیں حتیٰ کہ کتب ضعفاء و موضوعات میں بھی نہیں ہے۔ جیسا کہ اس کے حاشیہ میں شیخ ابوغدۃؒ نے وضاحت کردی ہے ۔مگر دیکھا آپ نے اسے 'ضعیف' کہہ کر فضائلِ اعمال میں اسے بھی قبول کرلیا گیا اور بہت سی بدعات اور مخصوص نمازیں اسی قسم کی 'ضعیف' احادیث سے ہی رائج ہیں اور رائج رہی ہیں ۔جیسا کہ علامہ شاطبیؒ وغیرہ نے کہا ہے بلاشبہ اکثر اہل علم کی رائے یہی ہے مگر جس احتیاط کی بنیاد پر استحبابِ عمل جائز قرار دیا گیا اس میں احتیاط کا تقاضا تو اس پر عمل نہ کرنے کو ہے،عمل کرنے کو نہیں۔ اسی بنا پر علامہ الالبانیؒ نے اس موقف کو اختیار کیا اور الصحیحۃ اور الضعیفۃ کی بنیاد پر احادیث کی صحیح بیان کرنے اور اس کی صحت وضعف کو واضح کرنے میں عمر عزیز صرف کردی۔اللہ تعالیٰ ان کی کوشش کو قبول فرمائے اور جو سندگانِ راہِ حق کے لئے مشعلِ راہ بنائے خودان کا اپنا بیان ہے:

''إننا ننصح إخواننا المسلمین فی مشارق الأرض و مغاربها أن یَدَعوا العمل بالأحادیث الضعیفۃ مطلقاً وأن یوجهوا همّتهم إلی العمل بما ثبت منها عن النبیﷺ ففیها ما یغنی عن الضعیفۃ ..... الخ'' (ضعیف الجامع، ج۱ص۵)

’’یعنی ہم مشرق و مغرب میں بسنے والے اپنے مسلمان بھائیوں کو نصیحت کرتے ہیں کہ وہ مطلق ضعیف احادیث پر عمل کرنا چھوڑ دیں اور اپنی ہمت ان احادیث پر عمل کرنے کے لئے مرکوز رکھیں جو نبی کریمﷺ سے ثابت ہیں۔ وہ صحیح احادیث ہمیں ضعیف احادیث سے بے نیاز کر دیتی ہیں‘‘

اسی جذبہ صادقہ نے امام بخاریؒ کو ’’الجامع الصحیح‘‘ لکھنے پر مجبور کیا۔ بعض دیگر محدثین نے بھی ان کی پیروی کی اور انہی کے نقش قدم پر چلتے ہوئے علامہ محمد ناصر الدین البانیؒ نے الصحیحۃ اور الضعیفۃ کو الگ الگ جمع کرنے کی کوشش کی۔ الصحیحۃ میں صحیح، صحیح لغیرہ اور حسن، حسن لغیرہ کا اور الضعیفۃ میں ضعیف، ضعیف جدًا، شاذ، منکر، باطل، موضوع، لا أصل لہ، لا یصح، لا أصل لہ مرفوعًا وغیرہ کا درجہ و مرتبہ بادلیل بیان کیا، ان کی اس تحقیق سے اختلاف ممکن ہے۔ لیکن ان کی اس صائب فکر اور قابل قدر کوشش کو تنقیص کی نظر سے دیکھنا کوئی خدمت اور مستحسن رویہ نہیں۔ بدعت کے اس دور میں سلامتی کی وہی راہ ہے جو علامہ البانیؒ اور ان کے پیشرو حضرات نے اختیار کی ہے۔ سنت کی پیروی، بدعت میں اجتہاد سے بہرنوع بہتر ہے۔ اللہ تعالیٰ ہمیں صحیح احادیث پر عمل کرنے کی توفیق بخشے اور بدعات و خرافات سے محفوظ رکھے۔ آمین!

گذشتہ برس مدیر اعلیٰ حافظ عبد الرحمٰن مدنی شیخ البانی سے ملاقات کے لئے اُردن تشریف لے گئے جہاں شیخ البانی سے محدث کے لئے فتنہ انکار حدیث کے حوالے سے تفصیلی انٹرویو کیا گیا۔ یہ انٹرویو فتنہ انکار حدیث نمبر میں شائع ہوگا۔ ان شاء اللہ ...... اُردن میں ہفتہ عشرہ کے اس قیام کے آخری روز شیخ البانی سے اہالیانِ پاکستان کے لئے خصوصی نصیحت کی گذارش کی گئی جو شیخ نے کمال مہربانی سے قبول فرمائی۔ محدثہ بھر کی اس وصیت کو ریکارڈ کیا گیا۔ محدث کے اس شارے کیلئے اس وصیت کو کیسٹ سے نقل کرکے ترجمہ کر لیا گیا تھا لیکن صفحات کی ضخامت پوری ہو جانے اور محترم مدیر اعلیٰ کی خرابی صحت کی بنا پر ان کی اشاعت کو ملتوی کیا جا رہا ہے ...... اسی طرح مولانا حافظ صلاح الدین یوسف نے ’’شیخ البانی اور رسولِ حدیث‘‘ کے موضوع پر بعض استفسارات کے جوابات تحریر فرمائے تھے۔ یہ مضامین اب انکار حدیث نمبر میں ہی شائع ہوں گے۔ ان شاءاللہ قارئین سے مدیر اعلیٰ کی صحت یابی کے لئے دعا کی درخواست ہے! (ادارہ)

نوٹ: گذشتہ ماہ شیخ البانی کے معروف شاگرد شیخ سلیم الہلالی اُردن سے لاہور پہنچے اور 6 نومبر 99ء کی شام کو ادارۂ محدث میں مدیر اعلیٰ سے ملاقات کے لئے تشریف لائے ...... اسی طرح برطانیہ سے شیخ البانی کے شاگرد بھی آپؒ کی وفات کے چند دنوں بعد ادارۂ محدث میں تشریف لائے اور مدیر اعلیٰ سے ملاقات کرنے کے ساتھ مجلس التحقیق الاسلامی اور جامعہ لاہور الاسلامیہ کے مشترک اجلاس سے خطاب کیا اور شیخ البانی کے لئے اجتماعی دعا کروائی۔ (ادارہ)

مدیر اعلیٰ کی علاج کی غرض سے شیخ سے ایک نشست کا أحوال   ترتیب و ترجمہ: حافظ حسن مدنی

شیخ البانیؒ: مرض الموت کے ابتدائی عوارض اوران کے علاج کی تدبیریں

مدیر اعلیٰ محدث مولانا حافظ عبد الرحمن مدنی اور شیخ محمد ناصر الدین البانی کی أردن (عمان) میں آخری ملاقاتوں کے دوران ایک نشست شیخ موصوف کی بیماری اور اس کے علاج کے حوالہ سے بھی یادگار ہے۔ مولانا مدنی کو طبِ نبویؐ سے بھی خاص شغف ہے اور وہ الیوپیتھی طریقہ علاج کے ساتھ ساتھ بطور رغذا اور پرہیز اپنے عزیز و اقارب میں اس کا اہتمام بھی کرتے رہتے ہیں اور اپنے بزرگوں اور احباب کی خدمت و عیادت اس طرح بھی انجام دیتے ہیں۔ ظاہر ہے کہ محدث العصر شیخ البانی جیسی شخصیت جس کا اوڑھنا بچھونا ہی "سنت و حدیث" ہے، سے اس طریق علاج کا ذکر آیا، جو جڑی بوٹیوں سے کیا جاتا ہے اور راے اس مناسبت سے "طب نبویؐ" کہتے ہیں، تو شیخ موصوف نے اس میں خاص دلچسپی لی اور اس کا فوری اہتمام بھی شروع کر دیا۔ شیخ البانی کے جن أمراض کا سلسلہ ذیل میں ذکر کیا جا رہا ہے اصل امراض تھیں جبکہ بعد ازاں الیوپیتھی علاج کی مجبوریوں کے جو منفی اثرات مرتب ہوئے، ان میں شیخ کے گردے فیل ہو گئے اور جگر بھی شدید متاثر ہو گیا تھا۔ بالآخر اللہ تعالیٰ کی زمین پر اللہ تعالیٰ کی یہ نشانی واصل بحق ہوگئی۔ اِنا للہ وانا الیہ راجعون!
ہم اس گفتگو کو کیسٹ (عربی) سے أردو منظوم میں منتقل کرکے شامل اشاعت کر رہے ہیں۔ادارہ

<u>شرکاء مجلس:</u> شیخ محمد ناصر الدین البانی اور اکے بیٹے عبد الرحمن، شیخ محمد ابراہیم شقرۃ، شیخ خالد العلاونہ حافظ عبد الرحمن مدنی، حافظ حسن مدنی، جناب عبد الکریم ثاقب، بیروت اور طرابلس کے بعض علماء

ابتدائی کلمات کے بعد!

حافظ عبد الرحمن مدنی: شیخ کے مرض کے بارے میں ہمیں تشویش ہے چونکہ طبِ نبویؐ سے مجھے بھی کچھ شناسائی ہے، اس لئے آپ کی تکلیف کے بارے میں، میں کچھ جاننا چاہوں گا؟

محمد بن ابراہیم شقرۃ: یا شیخ، ان کو اپنے مرض کے بارے میں کچھ بتلائیے، میں نے یہاں آنے سے قبل ان کو آپ کی صحت کے بارے میں کچھ بتایا تو ہمارے مہمان مولانا مدنی کہنے لگے کہ میں بعض سادہ چیزوں کے استعمال سے شیخ کی بحالی صحت میں مدد لینا چاہتا ہوں ۔ ان شاء اللہ نہ صرف ایک چیزوں کے استعمال کا کوئی غلط ردِ عمل نہیں ہوگا بلکہ بعض اوقات بفضلہ تعالیٰ محیر العقل نتائج بھی سامنے آ سکتے ہیں۔ اگر آپ انہیں اپنی تکلیف کے بارے میں بتا ئیں تو ممکن ہے،اللہ مولانا مدنی کے علاج سے آپ کو شفایاب کر دے!

شیخ البانی: (مولانا مدنی کو مخاطب کرتے ہوئے) مجھے دائیں کان سے کچھ سنائی نہیں دیتا، ہمیشہ کان میں دباؤ کی شکایت رہتی ہے، جبکہ بائیں کان سے بہت کم سنائی دیتا ہے، لیکن اس میں دباؤ قدرے کم ہے۔اس کے ساتھ ساتھ کان میں خارش کی بھی شکایت ہے۔ مجھے اپنے اللہ سے کوئی شکوہ نہیں، تکلیف تو گناہوں کے سبب ہی ہوتی ہے!

شیخ شقرۃ: واللہ المستعان! آپ نیک کہتے ہیں، لیکن آپ اپنے گناہوں کو بہت زیادہ محسوس کرتے ہیں، لوگ تو آپ......!

شیخ البانی: (بات کاٹتے ہوئے) میں بہت گناہگار ہوں، اللہ سے مغفرت اور بخشش کی دعا کرتا ہوں!

مولانا مدنی: مجھے پتہ چلا ہے کہ آپ کو آنتوں کی سوزش بھی ہے؟

شیخ البانی: آپ کے علم میں بہت سی نئی چیزیں بھی آئیں گی...... مجھے آنتوں میں شدید قبض اور سوزش کی شکایت ہے۔ چند قدم ہی چلتا ہوں تو ایسے چکر آتے ہیں کہ ابھی بے ہوش ہو کر گر جاؤں گا۔ کمزوری اتنی زیادہ ہے کہ میں کسی کے سہارے کے بغیر چند قدم بھی نہیں چل سکتا۔ اس کے علاوہ مجھے تھوک اور بلغم کی شکایت ہے۔ جو دو طرح سے ہوتی ہے:

ایک شکایت تو مجھے کثرتِ بلغم کی ہے جو نہایت کپی ہوئی ہوتی ہے اور نہایت تکلیف دہ طریقے پر نکلتی ہے۔ دوسری صورت یہ ہے کہ کبھی کبھار اس کے ساتھ چھلکے نکلتے ہیں۔ حیرت انگیز امر یہ ہے کہ یہ چھلکے چیزے کی طرح اس قدر پکے ہوئے سخت ہوتے ہیں جیسے انہیں آگ پر پکایا گیا ہو۔ آپ اس کو شہد کے چھتے سے تشبیہ دے سکتے ہی۔ شہد کے چھتے میں آپ دیکھیں تو اس پر باریک سی جھلی اسے بند کئے ہوتی ہے، میری بلغم کی بھی دو حالتیں ہیں: ایک یہ کہ شفاف بلغم ہوتا ہے، دوسری صورت یہ ہے کہ بلغم چھلکوں سے اَتا ہوتا ہے۔ بہر صورت اس بلغم کا نکالنا اتنا مشکل ہوتا ہے کہ کھانس کھانس کر میری حالت بری ہو جاتی ہے اور مجھے یوں محسوس ہوتا ہے کہ اس کے ساتھ ہی میری روح نکل جائے گی۔ اسی حالت میں بسا اوقات استغراق طین ہوتا ہے...... اللہ تعالیٰ شفا دینے والے ہیں اور روئی گناہوں کو معاف کرنے والے ہیں!!

مولانا مدنی: اس وضاحت سے بتانے پر میں آپ کا شکرگزار ہوں، میں چاہتا ہوں کہ آپ کا علاج عام گھریلو استعمال سے کیا جائے۔ شہد جس کے بارے میں ﴿فِیهِ شِفَآءٌ لِّلنَّاسِ﴾ اللہ تعالیٰ کا ارشاد ہے، بقدر ضرورت لے کر اس میں پسی ہوئی کالی مرچ ملا لی جائے اور اس شہد کو روزانہ پانچ، چھ مرتبہ چاٹ لیا جائے۔ یہ آپ کو سکون بھی دے گا اور بلغم کو بھی آسانی سے خارج کر دے گا، آپ اس سے اپنے سینہ کی تکلیف میں بہت جلد اِفاقہ محسوس کریں گے۔ کالی مرچ اور شہد کو معمولی نہ سمجھا جائے۔ ان سے بڑی بڑی بیماریوں کے علاج کئے جاتے ہیں حتیٰ کہ یہ فالج کا علاج بھی ہیں!

جہاں تک دوسری تکلیف کا تعلق ہے یعنی آپ کی کان کی تکلیف کا تو اس کے لئے آپ روغن بادام لے کر اس میں لہسن کا جوہر ملائیں، جس کا طریقہ یہ ہے کہ چمچہ میں روغن بادام ڈال کر اس میں لہسن کی چھلی ہوئی ایک تُھی رکھ دیں۔ اس چمچے کو آگ پر اس قدر گرم کریں کہ لہسن سیاہ ہو جائے۔ اس سیاہ لہسن کو پھینک کر اس کا حامل رغن بادام اس قدر ٹھنڈا کر لیا جائے کہ کان کا اندرونی نازک حصہ اس گرمی کو برداشت کر سکے۔ اس تیل کے چند قطرے کان میں ڈالے جائیں۔

شیخ البانی: یہ تو کانوں کی تکلیف کا علاج ہوا، کانوں میں دباؤ اور جمی ہوئی میل کا کیا جائے؟ آیا یہ کان کی سب تکلیفوں کا علاج ہے......؟

مولانا مدنی: یہ کان کی سب تکلیفیں دور کر دے گا، ان شاء اللہ۔ یہ چیزیوں تو بالکل بے ضرر اور عام سی ہے لیکن آپ ایک ہی رات میں اس کی تاثیر محسوس کریں گے، مناسب ہو گا اگر آپ اس تیل کو ڈالنے کے بعد انگلی اور انگوٹھے سے کان کو معمولی سماج بھی دیں تا کہ روغن اندر تک جذب ہو جائے۔ اس کے بعد کان میں روئی کا ٹکڑا رکھ لیں تا کہ تیل کا بقیہ حصہ فوراً باہر نہ نکل جائے۔ اس کے 15/20 منٹ بعد دوسرے کان پر

ہو بہو یہی عمل کریں۔ پہلے اس کان میں جو کلی طور پر بند ہو چکا ہے، اس کا استعمال کریں۔ واضح رہے کہ لہسن انجائنا (دل کی رگوں کی بندش کے مرض) کا بھی علاج ہے کیونکہ یہ رگوں کو کھول کر کشادہ کر دیتا ہے۔

شیخ البانی: میں سمجھ نہیں سکا کہ لہسن آپ کے بقول، کس مرض کا علاج ہے؟

شیخ حمزہ: جس مرض کا مولانا مدنی ذکر کر رہے ہیں، یہ دل سے تعلق رکھتا ہے۔ بلڈ پریشر میں، میں نے بھی اس کا تجربہ کیا ہے۔ ہمارے عزیزوں میں ایک شخص روزانہ صبح لہسن کو کلونجی کے ساتھ استعمال کیا کرتا، عجب بات دیکھیے کہ میرے اس عزیز (جو میرے چچا کا بیٹا تھا) نے مجھے بتایا کہ میں اکثر اوقات بہت تھکا تھکا رہتا، میرا بلڈ پریشر بہت بلند رہتا، لیکن اس دوا کو استعمال کرتے ایک ماہ ہی گزرا تھا کہ اس پر پیاز کے مزید استعمال کرنے کے ساتھ میرا مرض جاتا رہا۔

شیخ البانی: حیرت ہے ..... ماشاء اللہ!

شیخ حمزہ: یا شیخنا! لہسن علاج کے لئے نباتات میں سے سب سے مفید ہے، اور پیاز دوسرے درجے پر، لیکن بلڈ پریشر کے لئے بالخصوص لہسن بہت مؤثر ہے۔

مولانا مدنی: اس طریقے سے روغن بادام میں لہسن کا اثر باقی رہ جائے گا اور لہسن کو چھینک کر اس روغن کو کان میں استعمال کیا جائے گا۔ آپ ایک رات میں اس کے استعمال سے تبدیلی محسوس کریں گے۔ ان شاء اللہ .... یہ مفردات سے علاج کی ایک صورت ہے جس میں کان کی تکلیف کے علاج کے لئے ہم نے عام سی سادہ استعمال کی چیزوں سے کام لیا ہے۔

شیخ البانی: اگرچہ مجھے آپ پر اعتماد ہے اور ہر کام اصل میں تو اللہ کی مرضی سے ہی ہوتا ہے لیکن میں تجربے اور آزمائش کی بات کر رہا ہوں۔ اگر آپ محسوس نہ کریں تو کیا آپ نے اس علاج کا پہلے بھی تجربہ کیا ہے؟

شیخ مدنی: جی بالکل، اور اس علاج کے اثرات بہت اچھے رہے ......

شیخ البانی: کیا اس سے سماعت بھی لوٹ آنے کا امکان ہے؟

مولانا مدنی: جی ہاں! اس کے امکانات ہیں، ان شاء اللہ۔ میں نے اس کا اکثر تجربہ کیا ہے، آپ بھی چند گھنٹوں میں اس کے اثرات محسوس کریں گے۔ یہ چیز ویسے بھی غیر مضر ہے۔ یعنی روغن بادام جو بہت پتلا (رقیق) ہوتا ہے، اس سے کان کی میل بہت آسانی سے خارج ہو جاتی ہے۔ رات کو اگر آپ اسے استعمال کریں تو صبح آپ دیکھیں گے کہ کان کی میل از خود آسانی سے نکل رہی ہے۔ یہ کان میں موجود خشکی کا خاتمہ بھی کر دیتا ہے۔

عبدالکریم ثاقب: مولانا مدنی کی بات درست ہے۔ اگر ابتداء میں یہ علاج کر لیا جاتا تو یہ تکلیف نہ بڑھنے پاتی لیکن اب جبکہ یہ مزمن مرض کی شکل اختیار کر چکی ہے تو پوری سماعت لوٹنے کا تو نہیں کہا جا سکتا لیکن بہرحال قدرے افاقہ ہو سکتا ہے۔ مولانا مدنی جیسا کہ کہہ رہے ہیں کہ میں بھی کی تائید کرتا ہوں لیکن ابتدائے مرض سے اس علاج کو کرنے پر مکمل افاقہ کے امکانات کافی تھے۔

مولانا مدنی: میں لمبی بات تو نہیں کرتا لیکن ایک ایلوپیتھی ڈاکٹر کا واقعہ آپ کو سناتے دیتا ہوں:

میری اہلیہ کے بھائی معروف ڈاکٹر ہیں اور عرصہ ۲۵ سال سے اس پیشہ سے منسلک ہیں۔ ان کا اپنا حلق اس قدر متاثر ہو گیا کہ وہ آسانی سے بات بھی نہ کر سکتے۔ ان کا خیال ہوا کہ انہیں حلق کا سرطان ہو گیا ہے، انہوں نے اس کا بہت علاج کیا۔ تمام جتن کرنے کے باوجود یہ مرض بڑھتا گیا جوں دوا کی!

آخر مجبور ہو کر کسی دوسرے طریق علاج کا سہارا لینا پڑا۔ باوجود اس کے کہ وہ انگریزی ڈاکٹر ہیں، انہیں اس علاج کے سوا کوئی علاج نہ مل سکا کہ انہوں نے کالی مرچ کے ساتھ شہد کا استعمال کیا، اس کو وہ چاٹ لیا کرتے بس اسی سے ان کا فنکشن چلتا جا تا رہا۔

اتفاق دیکھئے کہ چند برس قبل یہی تکلیف میری اہلیہ کو بھی ہو گئی حالانکہ وہ بڑی لمبی تقریریں کیا کرتیں۔ وہ بڑی فکرمند رہا کرتیں کہ انہیں شاید سلطان کی شکایت ہے جس کے سبب وہ بات چیت سے بھی عاجز آ گئی ہیں۔ انہوں نے بھی یہی علاج کیا اور شفایاب ہو گئیں۔

ہم شیخ البانی کی زندگی اور علم سے استفادہ چاہتے ہیں، شیخ البانی کی خدمت میں یہ کہنا ضروری سمجھتا ہوں کہ میں نے اس علاج میں بھرپور احتیاط سے کام لیا ہے کیونکہ شیخ کی عمر اور صحت نازک مرحلے میں ہے، میں نہیں چاہتا کہ ایسی چیزوں کا یہاں تجربہ کروں جو میں نے پہلے نہ آزمائی ہوں۔

شیخ البانی: اللہ آپ کو اچھی جزا دے اور آپ کو بابرکت فرمائے۔ آپ کو اس سے زیادہ عطا فرمائے جو اُس نے ہمیں عطا کیا!

مولانا مدنی: ہم شیخ البانی سے بہت کچھ سننا چاہتے تھے لیکن آپ کے صحت کے پیش نظر اسی پر اکتفا کرتے ہیں آپ کی صحت و عافیت کے لئے دعا گو ہیں اور آپ سے اس قدر فائدہ اٹھانے کے لئے اللہ سے دعا گو ہیں جس سے ہم سیر ہو جائیں۔ یوں تو یہ ایک ایسی پیاس ہے جو ہر ملاقات سے بڑھتی چلی جاتی ہے، ہم شیخ سے زیادہ سے زیادہ مستفید ہونے کی اللہ کی جناب میں دعا کرتے ہیں۔

شیخ البانی: میری اللہ تعالیٰ سے دعا ہے کہ وہ ہماری محبت اور اُخوت کو اس طرح قائم و دائم رکھے۔

شیخ مقرہ: یا شیخ مدنی! ہمیں اس دوا کے بارے میں پوری تفصیل سمجھا دیجئے، بہتر ہوتا کہ آپ یہ طریقہ استعمال ہمیں لکھ دیتے۔

مولانا مدنی: نہ صرف لکھ کر بلکہ میں اسی وقت یہ دوا بنا کر دکھائے دیتا ہوں اور ممکن ہو تو اس وقت شیخ اس کی ایک خوراک استعمال بھی کر لیں۔ امید ہے کہ وہ ان شاء اللہ صبح تک اس تکلیف سے کچھ آرام محسوس کریں گے۔ شیخ کے گھر میں پسی ہوئی سیاہ مرچ تو موجود ہو گی، اور روغن بادام بھی ......اگر نہیں تو میرے سفری سامان میں بھی موجود ہے۔

شیخ البانی: کیا آپ خالص مرچ کی بات کر رہے ہیں جس میں کچھ اور نہ ملا ہو۔

شیخ مقرہ: نہیں یا شیخنا! بلکہ کالی مرچ، غالباً جو مصالحے میں استعمال ہوتی ہے۔

شیخ البانی کا بیٹا عبدالرحمٰن جواب دیتا ہے: جی ہاں، یہ مرچ موجود ہے اور اس کو ابھی پیس لیتے ہیں۔

شیخ مقرہ: ماشاء اللہ شیخ کی اہلیہ آپ کی صحت کا بہت خیال رکھتی ہیں۔ آپ کی تیمارداری میں کوئی کسر نہیں رکھتیں اور انہیں طب کی بھی کچھ سوجھ بوجھ ہے۔

شیخ کا بیٹا: یہ ٹھیک ہے، لیکن ممکن ہے کہ یہ مرچ اس قدر خالص نہ ہو!

مولانا مدنی: کوئی بات نہیں، ہم اس کا تجربہ کر لیتے ہیں۔ اللہ کی مدد شامل حال رہی تو یہ دوا ہمارے لئے مفید ثابت ہو گی۔ ان شاء اللہ العزیز!

شیخ البانی: جزاک اللہ خیرا، أحسن اللہ الیک، بارک اللہ فیک ......اللہ آپ کو ہر بھلائی کی توفیق دے، سنت کی پیروی اور اس پر عمل کرنے کی توفیق مرحمت فرمائے۔ اپنے ممالک اور بلادِ کفر میں آپ کو اس کی دعوت

پھیلانے کی توفیق دے،اس نیک کام میں اللہ آپ کی مدد کرے ۔والسلام علیکم ورحمۃ اللہ وبرکاتہ

اس بات چیت کے بعد والدہ گرامی مولانا مدنی نے راقم الحروف کے ساتھ بعض أدویہ کو تیار کیا اور شیخ الالبانی کی خدمت میں بھجوادیا ۔جب أردن سے واپسی پر قطر میں شیخ کے شاگرد اور داماد شیخ علی خشان کے گھر ہم چند دنوں کے لئے قیام پذیر تھے تو وہاں شیخ الالبانی کا فون مولانا مدنی نے وصول کیا ۔جس میں شیخ الالبانی نے بڑی تفصیل سے اس دوا کے مختلف پینے اور طریقہ ہائے استعمال دریافت کئے آپ کی زبان سے سن کر ہمیں مسرت ہوئی کہ ان دواؤں سے شیخ کو فائدہ ہوا ہے ۔شیخ الالبانی کے تقاضے پر قطر میں والد محترم نے بڑی تفصیل سے ان ادویہ کا طریقہ تیاری اور أوزان لکھ کر شیخ کو فیکس کر دیئے ۔

بعد میں شیخ الالبانی سے رابطہ جاری رہتا رہا ۔گذشتہ سال عید الفطر (۱۴۱۹ھ) کے بعد کی بات ہے کہ شیخ الالبانی نے اپنے ایک شاگرد شیخ خالد علاونہ کو أردن سے پاکستان بھیجا ،جو دیگر مصروفیات کے ساتھ ساتھ یہاں ان ادویہ کی تیاری اور بڑی تعداد میں اس طرح کی چیزیں لینے آئے تھے ۔

شیخ خالد کی میزبانی کے دوران بھی شیخ الالبانی کے تذکار خیر سننے کو خوب ملے ،ہم نے علم وفضل کے علاوہ عام معاملات ،برتاؤ اور اخلاق میں شیخ الالبانی کو ایک مثالی شخصیت پایا،حدیث نبوی میں آنے والے اخلاق کریمانہ کے آپ اچھے مصداق تھے ۔کمال درجہ توانضع اور لطف وکرم آپ کی مہربان شخصیت کا امتیاز تھا ۔شیخ سے مؤرخہ ۳رر جب ۱۴۱۹ھ کو آپ کی گھر پر آخری ملاقات کے دوران ،آخر میں مجھے شیخ الالبانی کے وہ کلمات نہیں بھولتے جو ان کے اعلیٰ ظرف اور متوانضع انسان ہونے کی دلیل ہیں :

شیخ اپنی تفصیلی وصیت نصیحت سے فارغ ہوئے تو دیگر زائرین کو جانے کا اشارہ کیا لیکن والد گرامی کو روک لیا ،میری خوش نصیبی کہ والد محترم کے طفیل مجھے بھی تنہائی میں اس ملاقات کی سعادت مل گئی ۔شیخ الالبانی گویا ہوئے کہ"یا شیخ مدنی !آپ بڑے صاحب علم وفضل ہیں ،میں نے آپ کو نصیحت کی ہے لیکن میں چاہتا ہوں کہ آپ بھی مجھے کوئی نصیحت فرمائے؟"

والد محترم اس عزت واحترام اور لطف وانعام پر ایک دم حیران رہ گئے اور زبان سے یہ الفاظ نکلے: یا شیخ کہاں میں اور کہاں آپ سا عظیم المرتبت محدث ،مجھے اس آزمائش سے دوچار نہ کریں !……اس کے بعد دیر تک دونوں بڑی رازدارانہ باتمیں اور مشورے کرتے رہے ۔میں نے آپ ایسے عظیم المرتبت عالم میں یہ کریمانہ اخلاق دیکھا تو اس دین کی نعمت پر میری آنکھیں اشک بار ہو گئیں جو اللہ کی عبادت اور أحکام کی فرمانبرداری کے علاوہ الالنی معاملات میں اس قدر والالنی اخلاق سکھاتا ہے ۔اچھا مسلمان نہ صرف رب کے حقوق میں کوئی کوتاہی نہیں کرتا بلکہ اپنے جیسے بندوں سے بھی حسن سلوک ،شفقت ومہربانی سے کام لینے اور جاہلوں سے سلام کر کے گزر جانے کا راستہ دکھاتا ہے ۔ نبی اکرمﷺ کا مشن کس قدر بلند ہے :إنما بعثت لأتمم مكارم الأخلاق

"میں تو اعلیٰ اخلاق کی تکمیل کے لئے مبعوث کیا گیا ہوں" (فرمان نبوی)

اللہ تعالیٰ شیخ الالبانی کے درجات بلند فرمائے ،آپ کی کوتاہیوں سے درگز رفرمائے اور آپ کو کشادہ جنات میں داخل فرمائے ۔روز قیامت ہمیں آپ ایسے نیکیوں کے ساتھ اٹھائے ،اور امت کو ان کی علمی خدمات سے بھرپور فائدہ اٹھانے کی توفیق عطافرمائے ۔ آمین!

شیخ البانیؒ کی وفات پر سعودی عرب کے علماء کے تاثرات

(۱) شیخ صالح بن عبدالعزیز آل شیخ (وزیر اوقاف و مذہبی اُمور، سعودی عرب)

''اللہ کے فیصلے اور اس کی تقدیر پر ہم راضی ہیں اور ''انا للہ و انا الیہ راجعون'' کہتے ہیں۔ اس میں کوئی شک نہیں کہ علامہ شیخ محمد ناصر الدین البانی کی وفات ایک المناک واقعہ ہے، کیونکہ وہ امت کے ان علماء و محدثین میں سے تھے کہ جن کے ذریعے اللہ تعالیٰ نے اپنے دین کی حفاظت فرمائی اور سنتِ رسول ہی کی نشر و اشاعت کی''

(۲) شیخ عبداللہ صالح العبید (سیکرٹری جنرل رابطہ عالم اسلامی)

''شیخ محمد ناصر الدین البانی کی وفات امتِ مسلمہ کے لئے بہت بڑا خسارہ ہے، کیونکہ آپ ان علماء میں سے تھے جنہوں نے کتاب اللہ، سنتِ رسولؐ اور اسلامی دعوت کا جھنڈا بلند کیا، اور وہ بھی ایک ایسے وقت میں کہ جب امتِ مسلمہ کو اس کی شدید ضرورت تھی''

(۳) شیخ عبدالمحسن العباد

''شیخ البانی رحمہ اللہ ان گرانقدر علماء میں سے تھے کہ جنہوں نے اپنی پوری عمر خدمتِ حدیث رسولؐ، نصرتِ عقیدہٴ سلفیہ اور دفاعِ سنت کے لئے وقف کردی تھی، اور آپ کا شمار ممتاز علماءِ دین میں ہوتا ہے، جس کی گواہی ہر خاص و عام نے دی ہے، سو اس جیسے عالم دین کی موت مسلمانوں کے لئے بہت بڑا صدمہ ہے''

(۴) الشیخ عبداللہ العبیلان

''میں امام، علامہ، محقق، زاہد، شیخ محمد ناصر الدین البانی کی وفات کے موقع پر روئے زمین پر بسنے والے تمام مسلمانوں کی تعزیت کرتا ہوں، اور حقیقت یہ ہے کہ اس شخص کے متعلق کچھ کہنے سے الفاظ عاجز ہیں، آپ کے مناقب و فضائل میں صرف اتنی بات کافی ہے کہ آپ کی نشر و نما جس ملک میں ہوئی وہاں سلفیت نہ ہونے کے برابر تھی، لیکن اس کے باوجود بھی وہ سلفی دعوت کے سب سے بڑے داعی بن کر سامنے آئے''

(۵) ڈاکٹر الحبیب بلخوجۃ (سیکرٹری جنرل مجمع الفقہ الاسلامی)

''ہم نے علامہ، شیخ البانی کو حدیث اور فنونِ حدیث کے ساتھ خصوصی شغف کی وجہ سے پہچانا، اور آپ کی موت پر ہم ایک ایسے شخص سے محروم ہوگئے ہیں جو عالم اسلام کی خدمت میں پیش پیش تھا، اور بڑے بڑے شیخ اساتذہ و مشائخ کے لئے ایک بہت بڑا مرجع تھا''

شیخ البانیؒ کی وفات پر ان کے دو نامور شاگردوں سے بات چیت

یوں تو شیخ البانی رحمہ اللہ کے شاگرد دنیا بھر میں پھیلے ہوئے ہیں، آپ کے شاگردوں میں علماء بھی ہیں، طالبانِ علم بھی اور مشائخ و محققین بھی، لیکن ہم درج ذیل سطور میں آپ کے ان دو شاگردوں کا ذکر کرنے جا رہے ہیں جن میں سے ایک نے آپ سے ۳۵ سال تک اور دوسرے نے ۲۲ سال تک استفادہ کیا اور آخری وقت تک آپ کے ساتھ رہے۔ آپ ان کے استاذ بھی ہیں، مربی بھی ہیں، ان میں سے پہلے شاگرد کا نام شیخ محمد ابراہیم شقرۃ اور دوسرے شاگرد کا نام شیخ علی بن حسن طبی ہے، اپنے استاذ کی وفات کے متعلق انہوں نے کیا کہا، آیئے ملاحظہ فرمایئے:

شیخ محمد ابراہیم شقرۃ سے مجلّہ ''الفرقان'' کویت نے شیخ البانیؒ کی وفات کے بعد انٹرویو لیا، جس کا ترجمہ کچھ یوں ہے:

الفرقان: شیخ کب اور کس وقت فوت ہوئے اور انہیں کب دفن کیا گیا؟

شیخ شقرۃ: آپ ۲۲ رجمادی لآخرۃ ۱۴۲۰ھ مطابق ۲ راکتوبر ۱۹۹۹ء بروز ہفتہ غروبِ شمس سے کچھ پہلے فوت ہوئے اور عشاء کے بعد انہیں دفن کردیا گیا۔

الفرقان: شیخ کو اس قدر جلد کیوں دفن کیا گیا؟

شیخ شقرۃ: پہلے تو اس لئے کہ خود شیخ کی وصیت تھی، اور دوسرا اس لئے کہ موسم کافی گرم تھا، اگر تاخیر کی جاتی تو بعض نقصانات کا اندیشہ تھا، اس لئے ہم نے انہیں جلدی دفن کردیا۔

الفرقان: آپ کے جنازے میں کتنے لوگ شریک ہوئے؟

شیخ شقرۃ: اللہ کی قسم ہزاروں تھے جنہیں ہم شمار نہیں کر پائے، حالانکہ ہم نے صرف آپ کے قریبی لوگوں کو اطلاع دی تھی تاکہ آپ کی تکفین و تدفین میں مدد دل سکے، لیکن ہمیں حیرت ہوئی کہ ہزاروں لوگ نمازِ جنازہ پڑھنے چلے آئے۔

الفرقان: کہا جاتا ہے کہ تقریباً پانچ ہزار لوگوں نے آپ کی نماز جنازہ میں شرکت کی؟

شیخ شقرۃ: میرا بھی یہی خیال ہے، باوجود یکہ ہم نے آپ کی وفات کی خبر نشر نہیں کی تھی۔

الفرقان: آپ کی آخری مؤلفات کے بارے میں بتائیے، کیا آپ انہیں طبع کریں گے؟

شیخ شقرۃ: شیخ نے اپنے پورے کتب خانے کے متعلق وصیت کی ہے کہ اسے مدینہ یونیورسٹی کے حوالے کردیا جائے، چنانچہ ہم بھی آپ کی جمع کب آپ کی وصیت کے مطابق مدینہ یونیورسٹی کے حوالہ کردیں گے۔

الفرقان: آپ کے کتنے بیٹے ہیں؟ اور سب سے چھوٹے کی عمر کتنی ہے؟

شیخ شقرۃ: آپ کی اولاد کی تعداد ۱۳ ہے، جن میں سات بیٹے ہیں، ان کے نام یہ ہیں: عبدالرحمٰن، عبداللطیف، عبدالرزاق، عبدالمصور، عبدالمہیمن، محمد، عبدالاعلیٰ۔ سب سے بڑے بیٹے کی عمر

۵۵ اور سب سے چھوٹے بیٹے کی عمر ۲۷ سال ہے۔

الفرقان: شیخ نے کتنی شادیاں کیں؟

الشیخ شقرۃ: آپ نے چار بیویوں سے شادی کی، جن میں سے ایک حیات ہے اور ان کی کنیت ام الفضل ہے

الفرقان: شیخ کے بعض شاگردوں کے متعلق بتائیے؟

الشیخ شقرۃ: اس وقت میرے ساتھ آپ کے شاگردوں کی ایک جماعت موجود ہے جن کے نام یہ ہیں: سلیم الہلالی، حسین العوایشۃ، مشہو د حسن علی سلبی، محمد موسیٰ نصر ...... آپ کے باقی شاگردوں کو شمار کرنا میرے لئے ناممکن ہے۔

الفرقان: شیخ الالبانیؒ کی وفات کے متعلق آپ کچھ کہنا چاہیں گے؟

الشیخ شقرۃ: ہم یہ کہنے پر مجبور ہیں "إنا لله وإنا إليه راجعون" اور رسول اکرمﷺ کی ایک حدیث پر عمل کرتے ہوئے یہ دعا پڑھتے ہیں "اللهم أجرني في مصيبتي، واخلفني خيرا منها" ...... ایک مقولہ عام مشہور ہے کہ "موت العالِم موت العالَم" (عالم کی وفات دنیا کی موت کے مترادف ہے) اور میں سمجھتا ہوں کہ یہ مقولہ شیخ الالبانیؒ کی وفات پر بالکل صادق آتا ہے، کیونکہ آپ اس صدی کے مجدد تھے اور آپ نے ساٹھ سال سنتِ نبویہ کی خدمت اور اس کے دفاع میں گزارے، اور میں بلامبالغہ کہہ سکتا ہوں کہ شیخ الالبانیؒ، امام بخاریؒ اور امام مسلمؒ جیسے محدثین کی صف میں کھڑے ہیں، آپ نے جو علمی ورثہ چھوڑا ہے وہی آپ کی عظمت کی دلیل ہے۔ آپ جب بستر مرگ پر تھے تو تب بھی طالب علموں سے ملتے رہے اور انہیں دعائیں دیتے رہے اور اس سے پہلے آپ روزانہ ۱۸ گھنٹے اپنے کتب خانہ میں گزارا کرتے تھے۔ آپ کے دروس اور لیکچرز کی تقریباً ۵ ہزار کیسٹیں ریکارڈ کی گئی ہیں جن میں سے اب تک صرف ایک ہزار کیسٹ منظر عام پر آئی ہیں۔

شیخ علی بن حسن سلبی اور شیخ الالبانیؒ کے آخری ایام

شیخ الالبانیؒ کے دوسرے شاگرد شیخ علی بن حسن سلبی نے آپ کی وفات پر اپنے تاثرات یوں بیان کئے ہیں: "اس سے پہلے کہ میں اپنے استاذ اور والد، اسد السنہ وفخر الامہ علامہ ابو عبدالرحمن محمد ناصر الدین الالبانی رحمہ اللہ کے متعلق کچھ کہوں، مجھے دو اور جدائیاں یاد آ رہی ہیں جن کا آپ سے گہرا تعلق ہے:

(۱)   ۱۳۳۳ھ (۱۹۱۵ء) جس میں شیخ الالبانیؒ پیدا ہوئے، اسی سال دیارِ شام کے علامہ اور امام جمال الدین القاسمی فوت ہوئے۔ ملک شام کے آسمان پر ایک ستارہ غروب ہوا تو دوسرا طلوع ہو گیا جس نے دنیا بھر کو روشن کر دیا۔

(۲)   ۱۴۲۰ھ جس میں شیخ الالبانیؒ فوت ہوئے، اسی سال میں امتِ مسلمہ کے مشہور علامہ ابو عبداللہ شیخ عبد العزیز بن عبداللہ بن باز رحمہ اللہ بھی فوت ہوئے۔

جی ہاں! چند ماہ کے اندر اندر ہم ابوعبداللہ اور پھر ابوعبدالرحمن سے محروم ہوگئے، یہ دونوں ستارے جب تک رہے۔ دنیا بھر میں ان کی روشنی پھیلی رہی، اور شاید یہ ان نیک خوابوں کی تعبیر تھی جو بہت سارے اہل خیر نے دیکھے تھے کہ دو ستارے آسمان دنیا پر طلوع ہوئے اور انہوں نے دنیا بھر کو روشن کردیا، پھر ان میں سے ایک غروب ہوگیا، اور اس کے دیکھتے ہی دیکھتے دوسرا بھی غروب ہوگیا۔ اب یوں لگتا ہے کہ ان دونوں بزرگوں کی وفات کے بعد دنیا پر اندھیرا چھا گیا ہے! واللہ المستعان

مجھ پر اللہ کا احسان ہے کہ اس نے مجھے استاذ محترم ابوعبدالرحمن رحمہ اللہ کے ساتھ بائیس برس گزارنے کی توفیق دی۔ اس دوران میں آپ سے استفادہ کرتا رہا، آپ کے گھر اور کتب خانہ میں مجھے علم بھی نصیب ہوا اور آپ کی محبت بھی، اور یہ آپ کی مجھ پر شفقت تھی کہ آپ نے مجھے اپنی علمی اور بابرکت زندگی میں اپنے ساتھ رکھا۔

علم حدیث کے ساتھ آپ کی محبت کا یہ عالم تھا کہ زندگی کے آخری ایام میں بھی تالیف اور تخریج احادیث سے باز نہیں آئے۔ آپ کے بیٹے اور پوتے آپ کا بھرپور تعاون کرتے تھے، اور جب آپ کا جسم کمزور پڑ گیا تب بھی آپ سلیم العقل تھے اور قوتِ حفظ بحال رہی، اور مجھے اچھی طرح یاد ہے کہ آپ نے اپنی وفات سے تقریباً تیس دن پہلے مجھے فون کیا اور تفسیر کی ایک کتاب کے متعلق مجھ سے پوچھا جس کے غلاف کا رنگ، اس کی بعض صفات اور مصنف کا اسلوب تک آپ کو یاد تھا۔

جب آپ کا ہاتھ لکھنے سے عاجز آ گیا تو آپ اپنے بیٹوں اور پوتوں سے لکھوایا کرتے تھے، جن احادیث کی تخریج کرتے ان کے متعلق تمام علمی فوائد لکھوا دیا کرتے تھے، اور مجھے وہ منظر نہیں بھولتا جب آپ نے ایک ضعیف حدیث کی تخریج میں اپنے بیٹوں اور پوتوں کو ۱۸ صفحات لکھوا ڈالے اور بیسیوں کتب آپ کے میز پر بکھری ہوئی تھیں، آپ ان کی ورق گردانی کرتے اور حتیٰ کہ مخطوط کتب کی بھی چھان بین کرتے اور بڑی ہی ترتیب کے ساتھ فوائد و تنبیہات نوٹ کرا دیتے۔

آپ نے اپنی زندگی کے آخری دو سالوں میں جس کتاب پر کام کیا وہ ہے ''صحیح الجامع الصغیر'' آپ اسے نئے سرے سے ترتیب دے رہے تھے، اور جن احادیث کی تخریج آپ نہیں کر پائے تھے، خاص طور پر ''تاریخ دمشق'' اور ''المعجم الأوسط'' اور ''المعجم الكبير'' کی احادیث، تو ان کی تخریج اب آخری مہینوں میں کر رہے تھے اور اس کے ساتھ ساتھ اپنی بعض تخریجات پر استدراک بھی کر رہے تھے، اور اس دوران سلسلہ صحیحہ اور سلسلہ ضعیفہ میں بھی مناسب اضافے کرتے جارہے تھے۔

شیخ البانیؒ سے میری جو قربت تھی، اس سے مجھے بہت سارے فوائد حاصل ہوئے، میں اسے اپنے لئے ایک ٹریننگ کورس تصور کرتا ہوں، کیونکہ اس دوران مجھے آپ کا طریقہ، آپ کا فن حدیث میں مہارت اور باریک بینی معلوم ہوئی اور سب سے اہم یہ کہ مجھے آپ کی مؤلفات اور تخریجات کے متعلق انتہائی قیمتی معلومات حاصل ہوئیں۔ جس وقت آپ فوت ہوئے، آپ کی غیر مطبوعہ کتب کی تعداد تقریباً ۱۵۰ تھی، ان میں سے بعض چند ورقوں میں اور بعض متعدد جلدوں میں ہیں، بعض کامل ہیں اور بعض کو مکمل کرنے کی آپ کو مہلت نہ ملی۔ اللہ رب العزت ہمارے استاذ پر رحمت فرمائے، اور ہمیں بھی اپنے نیک بندوں کے ساتھ ملا دے۔ آمین یا رب العالمین!

موت العالِم موت العالَم!

شیخ البانی کی رِحلت پر پاکستانی علماء کے تاثرات

محدثِ جلیل شیخ البانی کی وفات پر ادارۂ محدث نے معروف اہلِ علم سے اپنے تاثرات لکھنے کی درخواست کی ۔وقت کی قلت کی وجہ سے بہت سے علماء سے رابطہ نہیں ہوسکا اور بہت سے کم فرصت میں ارسال نہیں کر پائے۔ حاصل ہو جانے والے تاثرات ہدیہ قارئین ہیں ۔بعد میں موصول ہونے والے مضامین اور تاثرات آئندہ اشاعتوں میں ان شاء اللہ شائع کئے جاتے رہیں گے۔ادارہ

(۱) مولانا حافظ ثناء اللہ مدنی (مفتی و شیخ الحدیث جامعہ لاہور الاسلامیہ، رحمانیہ)

علامہ البانیؒ سے ایک تعارف

محدثُ العصر علامہ البانیؒ کی حیاتِ طیبہ پر نگاہ ڈالنے سے یوں محسوس ہوتا ہے کہ اللہ ربُ العزت نے اس مردِ مجاہد کو صرف اور صرف حدیث کے لیے پیدا فرمایا تھا۔ آج ساری دنیا میں ان کا کوئی ثانی نظر نہیں آ تا ۔اس دور میں علم کے بڑے بڑے دعویدار اور البانی کے شدید ترین مخالفین بھی انہی کے خوشہ چین نظر آتے ہیں ...... ذٰلِکَ فَضْلُ اللّٰہِ یُؤتیہِ مَنْ یشاء

آپ نے حدیث پر اپنی خدمات کو نئے سرے سے ایسے انداز میں پیش کیا کہ اوائل محدثین کی یاد تازہ کر کے بے حس قوم میں بیداری کی روح پھونک دی۔ کثرتِ تصانیف اور تلامذہ کا ایک وسیع عریض حلقہ اپنے پیچھے چھوڑ گئے جو تا قیامت ان کے لیے صدقہ جاریہ کی صورت میں قائم و دائم رہے گا ۔ان شاء اللہ ...... اللہ کے اس بندے نے دنیا بھر میں اپنی علمیت کا ایسا لوہا منوایا کہ موافق و مخالف سب طوعاً و کرہاً ان کی خدماتِ جلیلہ کے معترف نظر آتے ہیں۔ قحط الرجال کے اس دور میں آج کون ذی علم ہے جو علامہ البانی کی شخصیت سے ناواقف ہو؟ سلف صالحین کے وضع کردہ قواعد و ضوابط کے مطابق احادیث کو پرکھنے کا ایک ایسا معیار مقرر کر دیا جس سے مبتدی اور منتہی یکساں مستفید ہو سکتے ہیں جزاہ اللہ احسن الجزاء

موصوف سے میرے تعارف کا آغاز اس وقت ہوا جب ۱۹۶۲ء میں حافظ عبداللہ محدث روپڑیؒ کی مساعی جمیلہ سے مجھے مدینہ یونیورسٹی میں داخلہ ملا ۔وہاں کبار شیوخ اور اساطین العلم کے علمی ماحول میں طلبہ کو سب سے زیادہ عقیدت و محبت علامہ مرحوم سے تھی۔ اس کی بنیادی وجہ ان کا ٹھوس علم اور

علق عظیم کا حامل ہوتا تھا۔ فہم و تفہیم کے انداز میں گفتگو کرنا اور دوسرے کی بات کو نہایت متانت و سنجیدگی سے سنتا ان کا طرۂ امتیاز تھا۔ کہی دجہ ہے کہ کلاسوں کے علاوہ درمیانی فسحۃ کبیرۃ (بڑا وقفہ) میں کھلے میدان میں ان کی علمی مجلس معمولاً لگ جاتی جس سے طلبہ کے متعدد اشکالات رفع ہو جاتے۔ اس زمانے میں جامعہ اسلامیہ، مدینہ منورہ کی طرف سے ہر جمعرات کو رحلہ علمیہ (علمی ٹرپ) کا بندوبست ہوتا تھا جس کے لیے ہر سہولت جامعہ کی طرف سے میسر کی جاتی تھی مثلا بسوں کا انتظام، کھانے پینے اور رہائش کے جملہ مسائل۔ موصوف کی قیادت میں کسی تاریخی مقام کو منتخب کر کے وہاں ڈیرے ڈال دیے جاتے۔ بیشتر وقت سوال و جواب کی صورت میں علمی گفتگو میں صرف ہوتا اور نماز تہجد کے علاوہ صبح کی نماز کے بعد قرآن کی تلاوت لازماً ہر ایک کو کرنا ایک ہوتی تھی۔ اسی طرح کچھ وقت جہادی تیاری کے لیے دیا جاتا پھر جمعہ کی شام کو مغرب اور عشاء کو جمع کر کے پڑھنے کے بعد واپسی ہوتی۔

ایک دفعہ غالباً ذات السلاسل مقام پر بجری مجلس میں، میں نے آپ سے دریافت کیا کہ حضرت جو تا سامنے رکھ کر نماز پڑھنے کا کیا حکم ہے؟ فرمایا: جائز ہے۔ میں نے کہا کہ طبرانی صغیر کی روایت میں ممانعت وارد ہے، کہا: اس میں ایکی کوئی روایت نہیں میں نے با اصرار کہا کہ موجود ہے۔ احسان الٰہی ظہیر مرحوم جو ہمارے ساتھ تھے، بولے: اس بات کو چھوڑیے، شیخ نے ہیں مرتبہ اس کتاب کو پڑھا ہے اس میں روایت نہیں۔ اس زمانے میں بازار میں طبرانی صغیر دستیاب نہیں تھی، اس کا ایک پرانا نسخہ طبعہ ہند، مکتبہ عارف حکمت سے مجھے مل گیا تو وہاں سے وہ روایت نقل کر کے آپ کو دی اس کا جواب جو آپ نے اپنے قلم سے دیا، اس کی فوٹو قارئین کرام ملاحظہ فرمائیں: ‏ ‏ (روایت کے الفاظ یوں ہیں)۔

حدثنا محمد بن أحمد بن البراء البغدادي ثنا علي بن الجعد ثنا أبومسعد الشقري عن زياد الجصاص عن عبد الرحمن بن أبى بكرة عن أبيه عن النبى ﷺ قال إذا خلع أحدكم نعليه فى الصلوة فلا يجعلهما بين يد فيأتم بهما ولا من خلفه فيأتم بهما أخوه المسلم ولكن ليجعلهما بين رجليه لم يروه عن زياد إلا سعيد الشقرى البصرى تفرّد به على بن الجعد ، لا يروى عن أبى بكرة إلا بهذا الاسناد (معجم صغير للطبرانى ص ١٦٠، مطابع أنصارى، دهلى)

<u>شیخ البانی کی تحریر کا عکس</u>

اسناده ضعيف جداً فاين زياد الجصاص وهذا صدره ابن زياد ... القنذهبى ... المتزن ... و ... عبد مدينه مؤمن ... الديني ليس بشئ ... مرغالا ... مروك ، ... مزيال النسائى والدارقطنى ، متروك ، وأما ما ابن حبان فقال ... التقاة ... ربما وهم ، قلت : بل صوره على ضعفه.

قلتُ: والمرُوی عنہ ابو سعید الشقری عن مکحولِ بنا مشربلع مثلہ۔ وفی
الصنف اوراد مُنکر، فنفذنا زہیرا بہ مسیدا دنھا، لیس بِیئن۔ وفِنا اَحمد: نرک
سلاناسِ حدیثہ۔ وقال المنجاری: سلتوا عنہ، وقال لہ مسلم وجماعتَہ ا
متروک۔ وقال الغلاس: متروک الحدیث۔ قد اُجمعَ اَھلُ العلم
علای ترک حدیثہ، وقال لا السّاجی: متروک الحدیث عدرتہ بنا کہ۔

"اس کی سند شدید ضعیف ہے کیونکہ اس میں زیاد الجصاص اصل میں ابن ابی زیاد ہے جس
کے بارے میں علامہ ذہبی نے مید ان میں کہا کہ "ابن معین اور ابن المدینی کے بقول اس کی کوئی
حیثیت نہیں"۔ اور ابوزرعہ ـ ـ کہا کہ "یہ بے کار ہے"۔ جبکہ نسائی اور دار قطنی نے اسے
'متروک' قرار دیا ہے۔ ابن حبان نے الثقات میں اس کے بارے میں وہمی ہونے کی طرف ذکر کی
ہے۔ میں کہتا ہوں کہ "اس کے ضعف پر سب کا اتفاق ہے"

مزید کہتا ہوں کہ اس سے روایت کرنے والا راوی ابو سعید فقری جس کا نام مینب بن
شریک ہے وہ بھی اس کی طرح ضعیف بلکہ ضعف میں اس سے شدید تر ہے۔ اس کے بارے میں
ابن معین نے لیس بثی کہا ہے۔ اور امام احمد کے بقول لوگوں نے اس سے حدیثوں کی سند ترک کر دیا
ہے۔ امام بخاری کہتے ہیں کہ اس کے بارے میں ائمہ فن خاموش ہیں۔ مسلم اور ایک جماعت کا
کہنا ہے کہ متروک ہے۔ غلاس کے مطابق متروک الحدیث ہے اہل علم کا اس سے حدیث لینے
پر اتفاق ہے۔ الساجی کہتے ہیں کہ متروک الحدیث ہے اور منکر روایات بیان کیا کرتا ہے"

پھر یہ نقد اور دیگر مسائل پر ان کے خیالات کے بارے میں ہم نے محدث رو پڑی کو لکھ بھیجا
جس پر انہوں نے بزبان عربی کافی وانی در تفصیلی تبصرہ کیا جن کا اردو ترجمہ ہفت روزہ تنظیم الحدیث
لاہور میں چھپ چکا ہے۔ اس تبصرہ کو پھر ہم نے علامہ موصوف کی خدمت میں پیش کیا تو جوابًا فرمایا: لی
اوھام ولہ اوھام ولا اطول البحث "اس بارے میں مجھے بھی کچھ مغالطے ہیں اور انہیں بھی، میں
اس بحث کو مزید طول نہیں دینا چاہتا"

اس طرح ایک دفعہ مسئلہ فاتحہ خلف الامام کے موضوع پر میں نے محدث رو پڑی کی عربی
تصنیف الکتاب المستطاب پیش کی، چند روز پڑھ کر خاموشی سے واپس کر دی کوئی تبصرہ نہیں فرمایا۔

ہمارے استاذ شیخ ابن باز کی عادت تھی کہ جب مجلس میں شیخ البانی ہوتے تو سب مشاغل کو ترک
کر کے علمی گفتگو میں مصروف ہو جاتے۔ اس منظر کا ایک دفعہ میں نے طائف میں بھی مشاہدہ کیا تھا۔

[یہ چند سطور میں اہم نومبر کو کراچی سے لاہور روانگی پر جہاز میں تحریر کر سکا ہوں، تفصیلی مضمون بعد میں لکھوں گا۔من شاہانٹہ]

(۲) مولانا محمد رمضان سلفی (نائب شیخ الحدیث جامعہ لاہور الاسلامیہ)

محدثُ العصر شیخ محمد ناصر الدین البانیؒ!

رسول اللہﷺ کا فرمان مبارک ہے :إن اللہ عز وجل یبعث لھذا الأمۃ علی کل مائۃ سنۃ من یجدّد لھا دینھا (سنن ابوداؤد)'' اللہ تعالیٰ ہر صدی میں ایسے شخص کو لاتے ہیں جو اس امت کی اصلاح کے لئے احیاءِ دین کا فریضہ سرانجام دیتا ہے ۔

صحابہ کرام اور تابعین عظام کے بعد ایسی شخصیات کی تعداد اگرچہ بے شمار ہے جنہیں اللہ تعالیٰ نے تجدید دین کے لئے عدم سے وجود بخشا 'لیکن ہم ایک ایسے محدثِ دین وملت کا ذکر خیر کرنا چاہتے ہیں جن کا تعلق ماضی قریب سے ہے اور جنہیں اسلامی دنیا محدث ناصر الدین البانیؒ کے نام سے بخوبی جانتی ہے ۔ راقم آثم کو شیخ موصوف سے لقاء یا ساعت کی سعادت تو حاصل نہیں ہو سکی لیکن ان سے گہری عقیدت کا باعث ان کی تالیفات ہیں جو سینکڑوں کی تعداد میں ہیں اور ہر خاص و عام کے لئے یکساں مفید ہیں، یوں تو انہوں نے متعدد موضوعات پر خامہ فرسائی کی ہے 'لیکن ان کا دل پسند موضوع تخریج احادیث و دراسۃ الاسانید تھا جس میں انہوں نے اپنی مہارت اور قابلیت کا لوہا منوایا ہے اور فن حدیث کی خدمت میں اس سے پورا فائدہ اٹھایا ہے ۔

سنن اربعہ نیز احادیث کے دیگر مجموعے جہاں بہت سی صحیح احادیث پر مشتمل تھے وہاں ان میں بعض ایسی روایات بھی موجود تھیں جو غیر ثابت شدہ اور ضعیف تھیں جن کی معرفت سے بعض اہل علم حضرات بھی نا آشنا تھے 'شیخ محمد ناصر الدین البانیؒ کو یہ اتیاز حاصل ہے کہ انہوں نے تحقیق حدیث کے اس محنت طلب میدان میں قدم رکھا ۔اور دن بدن اس علمی سفر میں ترقی کی منازل طے کرتے چلے گئے اور احادیث کی ان کتابوں کو دو قسموں میں تقسیم کردیا ۔ایک قسم وہ ہے جس میں انہوں نے صحیح ثابت احادیث کو جمع کردیا اور دوسری قسم وہ ہے جس میں ضعیف روایات کو درج کردیا ،جس کی وجہ سے طالب حدیث کے لئے ضعیف روایات کا پہچاننا دشوار نہیں رہا ۔اور بایں طور انہوں نے اپنے بعد آنے والوں کے لئے الگ راستہ ہموار کردیا ہے جس پر چل کر کوئی بھی شخص فن حدیث کی خدمت میں اپنا حصہ ڈال سکتا ہے ۔شیخ موصوف کی اس کاوش میں ان کی کسی رائے سے دلیل کے ساتھ اختلاف کی گنجائش موجود ہے کیونکہ ایک انسان ہونے کی حیثیت سے وہ سہو خطاسے محفوظ و مامون نہیں ہیں لیکن فنون حدیث میں محدث البانیؒ کی مہارت وممارست سے انکار نہیں کیا جاسکتا 'اللہ تعالیٰ ان تصنیفات کو مؤلف کے لئے صدقہ جاریہ بنائے 'اور اہل علم اسلام کو ان سے بھر پور استفادہ کرنے کی توفیق عطا فرمائے ۔ آمین!

(۳) ڈاکٹر حمید اللہ عبدالقادر اسسٹنٹ پروفیسر شعبہ اسلامیات جامعہ پنجاب، لاہور

شیخ محمد ناصر الدین البانیؒ

اللہ تعالیٰ کا ارشاد ہے: ﴿اِنَّا نَحْنُ نَزَّلْنَا الذِّكْرَ وَاِنَّا لَهُ لَحَافِظُوْنَ﴾

"ہم نے آپ پر یہ ذکر (نصیحت) اُتاری اور ہم ہی اس کے نگہبان ہیں"

علامہ ابن حزم اور دیگر علماء کے نزدیک 'ذکر' سے مراد صرف قرآن نہیں ہے بلکہ ذکر سے مراد قرآن وحدیث دونوں ہیں۔ علامہ ابن حزمؒ فرماتے ہیں:

"ولاخلاف بین أحد من أهل اللغة والشریعة فی أن کل وحی نزل من عند الله فهو ذکر منزل فالوحی کله محفوظ بحفظ الله تعالی بیقین وکل ما تکفل الله بحفظه فمضمون أن لا یضیع منه وأن لایحرف منه شئ أبدا تحریفا لایأتی البیان ببطلانه۔ (تفصیل کیلئے: الإحکام فی أصول الأحکام ج۱ص ۱۲۱،۱۲۲)

"اہل لغت اور علمائے شریعت کے مابین اس امر میں کوئی اختلاف نہیں کہ اللہ کی طرف سے نازل ہونے والی ہر وحی 'ذکر' ہے۔ پس تمام وحی اللہ تعالیٰ کی حفاظت کرنے کے ساتھ محفوظ ہے اور جس چیز کی حفاظت اللہ کے ذمہ ہو ظاہر ہے کہ وہ ضائع نہ ہوگی اور اس میں سے کسی میں ایک تحریف نہ ہوگی جیسکے بطلان کو واضح کرنا ممکن نہ ہو یعنی اہل علم اس تحریف کو پہچان لیں گے"

اللہ تعالیٰ کا چونکہ وعدہ تھا کہ قرآن وسنت کی حفاظت ہوگی لہٰذا ہر زمانہ میں قرآن وسنت کے محافظ پیدا ہوتے رہے۔ دورِ صحابہؓ، دورِ تابعین اور دورِ ائمہ محدثین، اس طرح آج تک یہ سلسلہ جاری وساری ہے

شیخ محمد ناصر الدین البانیؒ بھی ان ہی محدثین میں شامل ہیں جنہوں نے حفاظتِ حدیث کا بیڑا اٹھایا۔ خدمتِ حدیث کے سلسلہ میں ان کی تصنیفات کی تعداد بھی بہت زیادہ ہے۔ کتبِ حدیث کی تخریج وتحقیق پر بھی ان کا دقیق علمی کام بھی ہے۔ ان کی فیض یافتگان کی تعداد بھی کثیر ہے۔ البانیؒ کی ذات کے بارے میں یہ کہنا درست ہوگا کہ "رجل فی أمة وأمة فی رجل وہ اپنی ذات میں ایک انجمن تھے۔

شیخ البانیؒ جب مدینہ یونیورسٹی میں استاذ (پروفیسر) تھے اس وقت تدریس کے علاوہ باقی اوقات میں بھی تشنگانِ علم حدیث کو سیراب کرتے رہتے تھے۔

مدینہ یونیورسٹی میں راقم ۱۹۷۵ء سے ۱۹۸۰ء تک تعلیم حاصل کرتا رہا۔ اسی دوران شیخ البانی مدینہ منورہ تشریف لائے۔ ہم (طلباء) نے ان کے اعزاز میں ایک علمی محفل منعقد کی، اس میں ان سے بہت سے علمی مسائل کے بارے میں سوالات کیے۔ میں نے دیکھا کہ ان کو متنِ حدیث، سندِ حدیث اور علومِ حدیث پر کامل عبور حاصل تھا۔ جہاں کوئی ادنیٰ طالب علم بھی دلیل کے ساتھ اپنے موقف کو پیش کرتا، اس کو بسرِ چشم قبول کرتے۔ جس بات کا علم نہ ہوتا بلا تکلف لاعلمی کا اظہار کیا کرتے۔ ہشاش بشاش طبیعت کے مالک تھے، خوش مزاج بھی تھے، مزاح بھی کیا کرتے تھے، سادگی کا اندازہ آپ اس

طرح لگا سکتے ہیں کہ جب آپ کی مدینہ یونیورسٹی میں استاذ کی حیثیت سے تقرری ہوئی تو آپ موٹر سائیکل پر سفر کرنے لگے ۔ لوگوں نے کہا کہ حضرت! آپ کے لیے یہ مناسب سواری نہیں تو ہنس کر ٹال دیے ۔ گویا ان کے اندر تکلف نام کا نہیں تھا۔

آپؒ عالم باعمل تھے ، آپ کی وضع قطع ، شکل وصورت سنت رسول کے عین مطابق ہوا کرتی ۔ آپؒ بسطۃ فی الجسم والعلم کے مصداق تھے ۔ آپ معتدل مزاج ، حلیم الطبع اور با اخلاق تھے ۔ مجھے یہ فخر ہے کہ آپ کے شاگرد ہونے کا مجھے اعزاز حاصل ہے!!

.... اللھم اغفر لہ وارحمہ وارفع درجتہ

(۴) مولانا عبدالرشید راشد (اُستاذِ حدیث، جامعہ لاہورالاسلامیہ)

جب میں ان کی زیارت سے مشرف ہوا!

گزشتہ دنوں عالم اسلام یکے بعد دیگرے جن شخصیات سے محروم ہوا، ان میں علامہ محمد ناصر الدین البانی تغمّدہ اللہ فی رحمتہ کی رحلت امتِ مسلمہ کے لئے ایسا عظیم سانحہ ہے جس کی تلافی ناممکن نظر آرہی ہے۔ علومِ حدیث میں اگر آپ کوعصرِ حاضر کا امام بخاری کہا جائے تو بے جانہ ہوگا۔ علومِ حدیث اور تفقہ فی الدین میں بصیرتِ تامہ و ملکہ راسخہ کے باوصف آپ حاملین کتاب و سنت کے لئے بالخصوص مینارۂ نور تھے۔ آپ کی نورانی وجاہت اس حدیثِ مبارک کی مصداق تھی "نضّر اللہ امرأً سمع منا حدیثا فحفظہ حتی یبلغہ غیرہ" آپ کی ہمہ جہت خدماتِ جلیلہ سے واقف حضرات یہ کہنے پر مجبور ہیں کہ

أن یجمع العالم فی واحد   ولیس علی اللہ بمستنکر

"اللہ پر مشکل نہیں کہ ایک شخص میں جہاں اکٹھا فرمادے"

راقم کی زندگی میں یقیناً وہ لمحات سب سے زیادہ خوشگوار اور یادگار ہیں جن میں موصوف سے ملاقات کا شرف حاصل ہوا۔ جامعہ اسلامیہ مدینہ منورہ میں دورانِ تعلیم دو دفعہ طویل مجلس کا موقعہ ملا۔ پہلی مجلس میں، میں خودکو اس اعتبار سے زیادہ خوش نصیب سمجھنے میں حق بجانب ہوں کہ پاکستانی طلبہ میں سے اس وقت یہ سعادت صرف میرے ہی حصہ میں آئی جبکہ شیخ عرصہ دراز کے بعد دیارِ حرم تشریف لائے۔ دوسری مجلس، استاذِ محترم حافظ ثناء اللہ مدنی شیخ الحدیث جامعہ لاہورالاسلامیہ اور حضرت حافظ عبدالرحمٰن مدنی مدیر جامعہ لاہورالاسلامیہ حفظہما اللہ کی معیت میں تھی۔ ہر دو مجلس میں بہت سے علمی مباحث زیرِ بحث رہے اور ہمیں حضرت سے استفادہ کا پھر پور موقع ملا۔ اوّل الذکر مجلس میں بالخصوص علامہ البانی کی حیاتِ طیبہ سے متعلق کئی پہلو بے نقاب ہوئے۔

اللہ تعالیٰ سے دعا ہے کہ آپ کی عظیم خدمات کو شرفِ قبولیت سے نوازے اور ہمیں ان سے استفادہ کی توفیق مرحمت فرمائے۔ آمین!

اللھم احشرنی فی زمرۃ أمثالہ خادمی السنۃ النبویۃ علی صاحبھا الصلاۃ والسلام

شیخ محمد ناصر الدین البانی رحمہ اللہ کی وصیت

میں اپنی بیوی، اولاد، اپنے دوستوں اور میرے ساتھ ہر محبت کرنے والے کو وصیت کرتا ہوں کہ جب میری وفات کی خبر پہنچے تو:

(۱) میرے لئے دعائے مغفرت کریں، ماتم اور نوحہ نہ کریں اور اونچی آواز سے نہ روئیں۔

(۲) مجھے جلدی دفن کر دیں، اور میرے رشتہ داروں اور بھائیوں میں سے صرف اتنے لوگوں کو میری وفات کی خبر پہنچائیں کہ جن کے ذریعے تجہیز و تکفین اور تدفین کا واجب پورا ہو سکے، اور مجھے غسل دینے کا فریضہ میرے مخلص دوست اور پڑوسی ''عزت خضر ابوعبداللہ'' سرانجام دے اور وہ جسے مناسب سمجھے اپنی مدد کے لئے منتخب کر سکتا ہے۔

(۳) مجھے قریب ترین قبرستان میں دفن کر دیا جائے، تا کہ میرے جنازہ کو گاڑی میں نہ لے جانا پڑے، اور مجھے قدیم قبرستان میں دفن کیا جائے جس کے بارے میں غالب گمان یہ ہو کہ اسے ختم نہیں کیا جائے گا۔

(۴) اور میں جس شہر میں وفات پاؤں، اس کے رہنے والوں پر لازم ہے کہ شہر سے باہر بسنے والی میری اولاد اور دوسرے لوگوں کو اس وقت تک خبر نہ دیں جب تک مجھے دفن نہ کر دیں، تا کہ ان کے انتظار میں میرے جنازہ میں تاخیر نہ ہو۔

(۵) میں اپنے کتب خانہ، جس میں خواہ کوئی مطبوعہ کتاب ہے یا مصدر، یا مخطوطہ ہے، میرے خط کے ساتھ ہے یا کسی اور کے خط کے ساتھ، کے متعلق وصیت کرتا ہوں کہ پورے کا پورا کتب خانہ اسلامی یونیورسٹی، مدینہ منورہ کی لائبریری کے حوالے کر دیا جائے، کیونکہ میری اس سے بہت اچھی یادیں وابستہ ہیں جب میں وہاں پڑھایا کرتا اور سلفی دعوت کو پھیلاتا تھا۔ اللہ تعالیٰ سے دعا کرتا ہوں کہ اس یونیورسٹی کے منتظمین کے ذریعے نفع پہنچائے۔

اور اللہ تعالیٰ سے اس بات کا سوال کرتا ہوں کہ میری اس سے ملاقات ہو تو اس حالت میں ہو کہ اس نے میرے اگلے پچھلے گناہ معاف کر دیئے ہیں ...... (مؤرخہ ۲۷ر جمادی الاولیٰ، ۱۴۱۰ھ)

﴿رَبِّ أَوْزِعْنِي أَنْ أَشْكُرَ نِعْمَتَكَ الَّتِي أَنْعَمْتَ عَلَيَّ وَعَلَى وَالِدَيَّ وَأَنْ أَعْمَلَ صَالِحًا تَرْضَاهُ وَأَصْلِحْ لِي فِي ذُرِّيَّتِي إِنِّي تُبْتُ إِلَيْكَ وَإِنِّي مِنَ الْمُسْلِمِينَ﴾

''اے میرے رب! مجھے اپنا شکر ادا کرنے کی توفیق عطا فرما اس انعامات پر جو تو نے مجھ پر اور میرے والدین پر کئے ہیں۔ مجھے توفیق بخش کہ میں تجھے راضی کرنے والے نیک کام بجا لا سکوں، اور میری اولاد میں بہتری عطا فرما، میں تیری طرف ہی رجوع کرتا ہوں، اور میں مطیع و فرمانبرداروں سے ہوں'' (الأحقاف: الكريم)

مکتوبِ کویت   حافظ محمد اخلاق زاہد

محدثِ زماں علامہ محمد ناصر الدین الالبانی کا سانحۂ ارتحال

[کویت کی جماعت اہل حدیث کا اظہارِ افسوس]

اس صدی کے سب سے بڑے محدث علامہ شیخ محمد ناصر الدین الالبانی ہفتہ 2را کتوبر 1999ء کو اُردن کے دارالحکومت عمان میں وفات پا گئے، إنا للہ وإنا إلیہ راجعون! جیسے ہی شیخ الالبانی کی وفات کی خبر پھیلی، پورے عالم اسلام پر رنج و عالم کی لہر چھا گئی، ابھی سعودی عرب کے مفتئ اعظم شیخ عبدالعزیز بن باز کی وفات کا صدمہ نہیں بھولا تھا کہ امتِ مسلمہ کو ایک اور گہرا صدمہ برداشت کرنا پڑا۔ شیخ الالبانی دنیا بھر کے علمی حلقوں میں معروف تھے، اور آپ کو اہل علم میں خاص امتیازی مقام حاصل تھا، یقینی طور پر وہ رواں صدی میں حدیثِ رسول ﷺ کے سب سے بڑے عالم تھے، جس کی شہادت بڑے بڑے علماءِ دین نے دی ہے، چنانچہ شیخ ابن بازؒ فرماتے ہیں: ''میں نے کرۂ ارض پر اس زمانے میں علامہ ناصر الدین الالبانی جیسا محدث نہیں دیکھا''۔ اور برصغیر پاک و ہند کے مشہور عالم دین مولانا عبدالصمد شرف الدینؒ کہتے ہیں: ''شیخ الالبانی اس صدی کے سب سے بڑے محدث ہیں''

شیخ الالبانی وفات کے وقت پچاسی سال کے تھے۔ آپ کی پیدائش 1914ء میں الالبانیہ کے دارالحکومت (اشقودرہ) میں ہوئی، آپ کی نشو و نما ایک علمی گھرانے میں ہوئی، آپ کے والد جو خود عالم دین تھے، نے آپ کی تربیت کا خصوصی اہتمام کیا اور جب الالبانیہ میں الحاد اور لا دینیت کی لہر چل نکلی تو آپ کے والد اپنے تمام اہل و عیال سمیت شام کی طرف ہجرت کرنے پر مجبور ہو گئے، شام میں شیخ الالبانی نے وقت کے بڑے بڑے علماء سے استفادہ کیا اور ابتدائے تعلیم ہی سے آپ کو علومِ حدیث سے خاص شغف تھا۔ چنانچہ آپ کا بیشتر وقت دمشق کے سب سے بڑے کتب خانے المکتبۃ الظاہریۃ میں گزرتا تھا، جہاں مطبوعہ کتب کے علاوہ حدیث و رجال کے قلمی نسخوں کا بہت بڑا ذخیرہ موجود تھا۔ آپ قلمی نسخوں کو نقل کرتے رہتے اور حدیثِ رسول ﷺ کی تحقیق میں مشغول رہتے۔ آپ کے والد چونکہ گھڑیوں کی اصلاح کا کام کرتے تھے۔ اس لئے شیخ الالبانی نے بھی اسی پیشے کو اپنا ذریعہ معاش بنایا، کچھ وقت کماتے تھے اور بیشتر وقت معروفِ تحقیق رہتے تھے، اور اس کے ساتھ ساتھ آپ نے دمشق میں کئی علمی خلقات شروع کر دیئے جہاں آپ کے علمی و تحقیقی دروس ہوتے۔ جیسے ہی آپ کا تحقیقی کام مارکیٹ میں آیا اور آپ کے دروس کی کیسٹیں پھیلنے لگیں، پڑوی عرب ملکوں میں بھی آپ کے علمی

<hr>

☆ فاضل مدینہ یونیورسٹی ..... کویت میں معاون خصوصی برائے ماہنامہ محدث اور جامعہ لاہور الاسلامیہ (رحمانیہ)

رسوخ اور حدیث کی تحقیق کا چرچا ہونے لگا۔ جب مدینہ منورہ میں اسلامی یونیورسٹی کھولی گئی تو شیخ ابن باز کی خصوصی پیشکش پر آپ کو اس میں علومِ حدیث کا پروفیسر مقرر کردیا گیا۔ جہاں آپ تین سال ۱۳۸۱ھ سے ۱۳۸۳ھ تک طالب علموں اور حتیٰ کہ مشائخ و علماء کو اپنے منفرد اسلوبِ تحقیق سے فیض یاب کرتے رہے، پھر ۱۳۹۵ھ میں اس وقت کے سعودی فرمانروا شاہ خالد نے آپ کو مدینہ یونیورسٹی کے اعلیٰ تعلیمی بورڈ کا رکن مقرر کردیا۔ گذشتہ سال (۱۴۱۹ھ میں) آپ کو خدمتِ حدیث کے اعتراف کے طور پر سعودی حکومت کی طرف سے شاہ فیصل ایوارڈ سے نوازا گیا۔

شیخ البانی سو سے زیادہ کتابوں کے مؤلف اور محقق ہیں۔ آپ موجودہ دور میں سلفی دعوت کے امام تھے۔ آپ کی دعوت کے دو اہم اصول یہ تھے: التصفیۃ و التربیۃ ...... پہلے اصول سے مراد یہ ہے کہ اللہ کی توحید کو شرک سے پاک کیا جائے، رسول اکرمﷺ کی صحیح احادیث سے من گھڑت اور ضعیف احادیث کو الگ کردیا جائے اور جن بدعات کو سنت تصور کرلیا گیا ہے، انہیں کھل کر بیان کیا جائے اور دوسرے اصول سے مراد یہ ہے کہ لوگوں کی صحیح اسلامی تربیت کی جائے اور ان کے اخلاق و کردار کو سنوارا جائے، چنانچہ آپ نے پوری زندگی اپنے اسی مشن میں لگا دی، خاص طور پر من گھڑت اور ضعیف احادیث کے خطرے سے جس طرح آپ نے امتِ مسلمہ کو آگاہ کیا اور حدیثِ رسولﷺ کا جس طرح آپ نے دفاع کیا، اس کی مثال نہیں ملتی۔

آپ کی کتب سے ہر طبقے کے لوگوں نے بہت زیادہ استفادہ کیا ہے اور کر رہے ہیں حتیٰ کہ معروف محققین بھی آپ کی تحقیقات سے استفادہ کئے بغیر نہیں رہ سکے۔ بلکہ صحیح و تضعیفِ احادیث میں آپ اپنی زندگی میں مرجعِ خلائق تھے اور اپنی وفات کے وقت آپ نے اتنی تحقیقی کتابیں چھوڑی ہیں کہ رہتی دنیا تک اہلِ علم ان سے اپنی علمی پیاس بجھاتے رہیں گے۔ آپ کی عظمت اور رفعتِ شان کے لئے یہی بات کافی ہے کہ جب تک آپ کی کتب دنیا میں رہیں گی، آپ کا نام محقق اور محدث کے طور پر لیا جاتا رہے گا۔

شیخ البانی کی جہود کا جہاں دنیا بھر کے اہل علم نے اعتراف کیا اور ان سے استفادہ کیا، وہاں ان کے حاسدین نے بھی آپ کو نقصان پہنچانے میں کوئی کسر نہیں چھوڑی، چنانچہ آپ کو ان کی وجہ سے دو مرتبہ جیل میں جانا پڑا، لیکن داد دیجئے شیخ کو کہ انہوں نے جیل میں رہ کر بھی تحقیقی کام نہیں روکا، اور یہ بات بڑی حیران کن ہے کہ آپ نے مختصر صحیح مسلم جیل میں رہ کر تالیف کی۔ آپ کو حاسدین کے حسد کی وجہ سے شام سے اُردن، بیروت، امارت اور پھر دوبارہ اُردن کی طرف ہجرت کرنا پڑی اور آخر کار اُردن ہی میں آپ کی وفات ہوئی، اللہ ربّ العزت آپ کی مغفرت فرمائے اور آپ کے درجات بلند فرمائے۔

شیخ البانی کی وفات کی خبر پر جماعت اہل حدیث کویت کے تمام ساتھیوں نے گہرے رنج و الم اور افسوس کا اظہار کیا ہے اور دعا کی ہے کہ اللہ تعالیٰ مرحوم کو غریقِ رحمت فرمائے اور آپ کی قبر کو جنت کا باغ بنائے ...... آمین ثم آمین!

بسم الله الرحمن الرحيم

من أبي عبد الله خالد بن أحمد العلاونة إلى أخيه الدكتور/حافظ عبد الرحمن مدني   حفظه الله ورعاه السلام عليكم ورحمة الله وبركاته ، أما بعد:

فإنني أحمد الله إليكم وأصلي وأسلم وأبارك على نبينا محمد وعلى آله وصحبه أجمعين وعلى من تبعهم بإحسان إلى يوم الدين.

الأخ الحبيب والأستاذ الفاضل ... لقد كانت الشمس تغيب في كل يوم وكان غيابها بالنسبة لنا أمر طبيعي، ولكنها في يومنا هذا الثاني والعشرين من جمادي الآخرة من عام ألف وأربع مائة وعشرين لهجرة المصطفى ﷺ وقبل غيابها بقليل غاب نجم أنار الدنيا علمه وأنار القلوب فهمه وأضلّ الدنيا بأسرها بصحيح سنة المصطفى ﷺ.

لقد غاب النجم الأكبر ولكنه خلّف من بعده أقمارا كثيرة من أمثالكم أستاذنا الفاضل، لقد غاب عن الدنيا أستاذنا الفاضل وعالمها الهمام وقمرها النيّر، لقد غاب ناصر السنة وقامع البدعة ومحي الأثر شيخنا وحبيبنا وأستاذنا الإمام الحجة الثبت القدوة علم الأرض في زمانه وزينة أهل السنة والأثر.

لقد غاب محمد ناصر الدين الألباني ليلقى ربه بعد أن قضى نحب وبعد أن كان في حياته وطيلتها لا يفارق قلمه يده ذابا عن سنة حبيبه المصطفى ﷺ حتى ورث بكل معنى الإخلاص والجد والجهد والعمل. فإنا لله وإنا إليه راجعون، وعزاؤنا أنه مات قبله سيد الأنبياء والمرسلين فلله ما أخذ ولله ما أعطى وكل شيئ عنده بأجل وإن العين لتدمع وإن القلب ليحزن ولا نقول إلا ما يرضى ربنا تعالى.

أخي الحبيب الأستاذ الدكتور حافظ عبد الرحمن مدني حفظه الله، في هذه المناسبة لا بد لي أن أبشرك بأن شيخنا قد مات وهو راض عنك ولك في قلبه مكان كبير، فقبل شهور قليلة وعند ما كان شيخنا يجلس معي في سيارتي تذاكرت معه رحلتي إلى باكستان فسألني عنها وعن أحوالها وعند ما نكرتك له قال لي:

"إن طلاب العلم في القارة الهندية من أحسن وآدب طلاب العلم في العالم الإسلامي وإن الدكتور حافظ عبد الرحمن مدني من أحسنهم أخلاقا وآدبهم."

ويومها سألته سؤالا وقلت له: ربما يكون هذا السؤال غريبا. فقلت: شيخنا! ... لو أنك استقبلت من عمرك ما استدبرت ـــ ماذا كنت فاعلا؟ فقال شيخنا، حفظه الله ورحمه، وقد قبض يده وهزّها وهي ترتجف ونظر إليّ نظرته المعهودة نظرة الصقر، قال: "أمضي قُدُما في خدمة السنة."

رحم الله شيخنا وأسكنه فسيح جنانه وجمعنا بكم وإياه في زمرة المصطفى ﷺ وأصحابه الطاهرين تحت لواء الحمد وعلى الحوض الأكبر بفضله ومنّه وكرمه، وإنا لله وإنا إليه راجعون وحسبنا الله ونعم الوكيل ولا حول ولا قوة إلا بالله العظيم، وسلامي إلى جميع الإخوة عندكم الشيخ/ حسن والأخ حسين والأخ يوسف وجميع من بطرفكم من الإخوة.

وآخر دعوانا أن الحمد لله رب العالمين، والصلاة والسلام على سيد الأولين والآخرين نبينا محمد وعلى آله وصحبه الطاهرين. والسلام عليكم ورحمة الله وبركاته.

كتب أخوكم

أبو عبد الله خالد بن أحمد العلاونة ابن الديار الشامية المباركة

بعد منتصف ليلة الأحد 23/جمادى الآخرة/1420هـ

محترم وکرم شیخ البانی جس انداز سے مجھے شرفِ ملاقات دیتے اور خصوصی وصیتوں سے نوازتے رہے، وہ بالکل روحانی باپ کی کیفیت تھی۔ میں بھی ان سے بہت نجی ملاقات میں اسی طرح اپنی قلبی کیفیتوں کا ذکر کر کے رہنمائی لیا کرتا۔ اتفاق دیکھیے کہ ان کی وفات میرے والد حافظ محمد حسینؒ کے پورے 40 سال بعد ہوئی یعنی والد حوم 2؍اکتوبر 1959ء بروز جمعۃ المبارک اذان فجر (مطلع الفجر) فوت ہوئے اور شیخ حوم یوم بروز التوار غروبِ شمس سے ذرا قبل رحلت فرما گئے۔ انا للہ وانا الیہ راجعون! (مدیر اعلیٰ)

خط: ابوعبداللہ خالد بن احمد العلاونہ کی طرف سے اپنے بھائی حافظ عبدالرحمن مدنی حفظہ اللہ کی طرف!

السلام علیکم ورحمۃ اللہ وبرکاتہ   اللہ کی تعریف اور حمد وثنا کے بعد!

عزیز بھائی اور محترم اُستاد! سورج روز ہی غروب ہوا کرتا ،اس کا غروب ہونا ہمارے لئے ایک معمول کی بات تھی ،لیکن ۲۲ رجمادی الاخرۃ ۱۴۲۰ھ کے دن ،غروبِ شمس سے چند لمحے قبل وہ ستارہ بھی ڈوب گیا جس نے اپنے علم سے دنیا کو منور اور اپنے فہم وبصیرت سے دلوں کو روشن کر رکھا تھا۔جس نے دنیا بھر میں صحیح سنتِ مصطفیٰ کی شمع فروزاں کر رکھی تھی!! بڑا ستارہ تو غروب ہو گیا اپنے پیچھے آپ جیسے بہت سے قمر چھوڑ گیا!!

یا اُستاذ محترم! دنیا سے اس کا عظیم معلم ،نامور عالم اور روشن ستارہ غائب ہو گیا ۔سنت کو زندہ کرنے اور بدعات کا قلع قمع کرنے والے احادیث کے مددگار ہمارے محبوب ترین استاذ ،امام ،حجت ،قدوہ ،اپنے دور کے ممتاز ترین عالم اور اہل سنت کی زینت دنیا سے رخصت ہوگئی ۔شیخ محمد ناصر الدین الالبانی اپنا مشن مکمل کر کے اللہ تعالیٰ سے جا ملے ۔۔۔۔۔۔انا للہ وانا الیہ راجعون ۔اس حیاتِ سعید میں ان کے قلم نے حبیبِ مصطفیٰ کی سنت سے ہر آلائش کو دور کرنے میں کبھی کی نہیں کی اور ہر ممکنہ خلوص ،محنت ومشقت اور مسلسل کام کے ذریعے آپ اس میں ممکن رہے ۔ہمیں یہ بات کافی ہے کہ اس سے قبل سید الانبیاء والمرسلین نے بھی دنیا سے رحلت فرمائی ۔۔۔۔۔۔

''اللہ کا ہی ہے جو اس نے عطا کیا ،اور ہر چیز اس کے ہاں ایک ایک وقت مقرر تک ہے ۔ بلاشبہ آنکھیں بہتی ہیں اور دل غمگین ہے لیکن زبان سے وہی کہتے ہیں جس سے ہمارا رب ہم سے راضی رہے''

عزیز بھائی حافظ عبدالرحمن مدنی حفظہ اللہ !اسی مناسبت سے میں یہ خوشخبری آپ کو دینا چاہتا ہوں کہ ہمارے شیخ نے اس طرح رحلت کی کہ وہ آپ سے راضی تھے اور ان کے دل میں آپ کے لئے ایک بلند مقام تھا ۔ چند ماہ قبل جب ہمارے شیخ الالبانی میرے ساتھ میری گاڑی میں تھے ،میں نے ان سے اپنے لاہور کے سفر کے تذکرہ کیا تو آپ مجھ سے ان علاقوں اور ان کے حالات کے بارے میں پوچھتے رہے ،جب میں نے آپ کا تذکرہ کیا تو فرمانے لگے : ''دنیائے اسلام میں سب سے اچھے اور سب سے مؤدب طالبان علم برصغیر کے ہیں اور حافظ عبد الرحمن مدنی ان میں اخلاق وآداب کے لحاظ سے ممتاز ترین ہیں !!''

ایک روز مجھے شیخ الالبانی سے بات چیت کا موقع ملا تو میں نے کہا: شیخنا! شاید کہ یہ سوال عجیب سا ہو لیکن پھر بھی بتائیے کہ وہ عمر جو آپ گزار چکے ہیں ،اگر دوبارہ آپ کو مل جائے تو آپ کیا کریں گے؟ ہمارے شیخ نے (اللہ ان پر رحم فرمائے)نے اپنے ہاتھ کو بند کیا ،اس کو ہلایا اور وہ کانپ رہا تھا ،میری طرف عقاب سی تیز نظروں سے دیکھا اور کہنے لگے : ''میں سنتِ نبویہ کی خدمت میں ہی (اس زندگی کو)بھی گزار دوں گا''

اللہ تعالیٰ ہمارے شیخ پر رحم فرمائے ،انہیں کشادہ باغات میں داخل فرمائے آپ کو اور ہمیں نبی اکرم اور صحابہ کرام کی جماعت ،ان کے جھنڈے تلے اور بڑے حوض پر اپنے فضل وکرم اور احسان کے ساتھ جمع فرمائے اناللہ وانا الیہ راجعون ، حسبنا اللہ ونعم الوکیل ولا حول ولا قوۃ الا باللہ العلی العظیم !

میری طرف سے حافظ حسن ،حافظ حسین اور بھائی یوسف (ناظم جامعہ)اور اپنے سب اقارب کو سلام کہئے ۔۔وآخر دعوانا ان الحمد للہ رب العٰلمین ! آپ کا بھائی: ابوعبداللہ خالد بن احمد علاونہ (بلاد شام کا باشندہ)

اتوار ۲۳ رجمادی الاخرۃ کو نصف رات کے بعد لکھا گیا

دور حاضر کے مایہ ناز محدث اور شاہ فیصل ایوارڈ یافتہ محقق شیخ البانی انتقال کر گئے!

عالمِ اسلام کے عظیم مفکر، دورِ حاضر کے مایہ ناز محدث اور شاہ فیصل ایوارڈ یافتہ محقق شیخ محمد ناصر الدین البانی ۲؍اکتوبر کو شام ۶ بجے، اردن کے دارالحکومت عمان میں ۸۵ برس کی عمر میں وفات پا گئے۔ اس خبر کے ساتھ ہی دنیا بھر میں پھیلے ہوئے آپ کے ہزاروں شاگردوں اور لاکھوں عقیدت مندوں میں غم کی لہر دوڑ گئی۔ اس موقع پر انسٹیٹیوٹ آف ہائر سٹڈیز شریعت و قضاء کے ایک تعزیتی اجتماع میں حافظ عبد الرحمن مدنی (مینجنگ ڈائریکٹر فلاح فاؤنڈیشن پاکستان) نے خطاب کرتے ہوئے کہا کہ آپ اس زمانے میں ائمہ سلف کی نشانی اور علم و فن کی آبرو تھے۔ بالخصوص فنِ حدیث میں آپ کی تحقیقی خدمات اس قدر عظیم ہیں کہ آپ دورِ حاضر میں سند اور حرف آخری حیثیت رکھتے تھے۔ اسلام کے متنوع موضوعات پر گذشتہ نصف صدی کے عرصے میں شاذ و نادر ہی کوئی ایسی کتاب شائع ہوئی ہوگی جس میں آپ کی حدیث پر خدمات سے بھرپور استفادہ نہ کیا گیا ہو۔

شیخ محمد ناصر الدین البانی نے اپنے وطن مالوف البانیہ (یورپ) سے ہجرت کی اور ملک شام میں تعلیمی مراحل کی تکمیل کے بعد حرمین شریفین میں طویل عرصہ دینی خدمات انجام دیتے رہے۔ آپ گذشتہ چند برسوں سے اردن میں مقیم تھے۔ سنتِ نبوی پر آپ کا اس قدر عظیم الشان کام تھا کہ اس مقصد کے لئے بیسیوں اداروں پر آپ کی تنہا خدمات زیادہ بھاری نظر آتی ہیں۔ ۷۰ کی دہائی میں مدینہ یونیورسٹی میں شیخ الحدیث کی حیثیت سے تدریس کے دوران آپ کے ارد گرد تشنگانِ علم کا ہجوم ائمہ محدثین کے دور کی جھلک دکھایا کرتا۔ آپ نے مختلف اسلامی علوم میں نہایت امتیازی تحقیقی کام کیا اور تا دمِ واپسیں اسی میں مصروف رہے۔

تقریباً ۴ ماہ قبل مفتی اعظم سعودی عرب کی وفات کے بعد عالمِ عرب بالخصوص اور دیگر عالمِ اسلام میں بالعموم علمی حلقوں کو یہ دوسرا شدید دھچکا ہے جس کے بعد طبقہ علماء ایک لحاظ سے یتیم نظر آتا ہے۔ سعودی عرب کے مرحوم مفتی اعظم آپ کی خدمات سے اس قدر متاثر تھے کہ ہمیشہ آپ کی شخصیت کو اپنے لئے نمونہ قرار دیتے۔ آپ علماء کے اس مبارک گروہ کے سرتاج تھے جن کے نام سے طالبانِ حق کے دل دھڑکتے ہیں۔ پورے وثوق سے یہ بات کہی جاسکتی ہے کہ اسلامی علمی دنیا کا رواں صدی کا یہ سب سے بڑا سانحہ ہے۔ آپ کی وفات سے پیدا ہونے والے خلا کو پر کرنے کے لئے شاید سینکڑوں اداروں کی مشترکہ خدمات بھی ناکافی ہوں گی۔

آپ نے پوری عمر بڑی صحت و مشقت میں گزاری اور وقت تک مسلسل علمی کاموں میں شب و روز مشغول رہے۔ آپ کے دنیا بھر کے عقیدت مندان کی جمعیت آپ کی ایک جھلک دیکھنے کو بے چین رہتی لیکن شیخ البانی اپنے وقت اور مصروفیات کو مفید بنانے کی غرض سے بڑی شاذ و نادر ملاقات کا شرف بخشتے۔

شیخ البانی کی زندگی عملی ہوئی علماء کے لئے اسوہ اور عملی کتاب کی مانند تھی۔ آپ کی دینی خدمات، بے نظیر تصنیفات، مقالات، تحقیقات، تالیفات و تخریجاتِ احادیثِ نبویہ کی وجہ سے عالمِ اسلام کے گوشے گوشے میں اہلِ علم کے درمیان خصوصیت سے معروف تھے۔ آپ کو حدیثِ نبوی، رجال اور اسانید پر جو عبور حاصل تھا۔ جس انداز سے آپ نے دین اسلام کی بے لوث خدمت انجام دی ہے، وہ قابلِ فخر و اطمینان اور لائقِ مبارک کہا ہے۔ اس وقت علمِ حدیث میں آپ کا کوئی ہمسر اور ثانی نظر نہیں آتا۔ محدث مرحوم سینکڑوں کتابوں کے مصنف و محقق، حسنِ اخلاق کے پیکر، بزرگ عالمِ دین اور شریف زندہ دار انسان تھے۔ حق گوئی، راست بازی اور بے باکی آپ کا امتیازی وصف رہا۔ حکمت و اخلاص کی خوشنمائی اور چاپلوسی سے آپ کو سخت نفرت اور چڑتی تھی اور اسی وجہ سے آپ کو اپنے وطن مالوف اور بعض دوسری جگہوں کو اخلاقِ حق کے لئے خیرباد کہنا پڑا۔

آپ کا وجود ملتِ اسلامیہ کے لئے بہت بڑی نعمت تھا۔ مدت دراز سے آپ زبان و قلم کے ذریعے دین اسلام کی خدمت انجام دے رہے تھے۔ آپ نے کسی عرب یا غیر عربی عالمِ دین میں بھی آپ کا قلم دورِ حاضر کے مفکروں اور دانشوروں سے زیادہ زور آور رہا۔ عالمِ اسلام کے تمام علماء کے مسلک و مذہب کو استثناء کے بغیر یہ ذمہ داری تھی کہ وہ حسن اربعہ کی صحیح و سقیم روایتوں کو الگ کر دیتے تا کہ اہلِ علم صحیح روایات سے استدلال کرتے۔ اس عظیم کام کا بار بھی آپ نے خندہ پیشانی کے ساتھ قبول کیا اور با حسن و خوبی انجام دیا۔ ہر ایک کتاب کی صحیح و ضعیف روایتوں کو الگ کر کے کتابی شکل دے کر امت کے حوالے کر دیا جو چھپ کر منظر عام پر آ چکی ہیں۔ علمِ حدیث کا کوئی بھی طالب علم خواہ چھوٹا ہو یا بڑا آپ کی علمی کاوشوں اور تحقیق و تخریج سے مستغنی نہیں ہوسکتا۔ اس لئے آپ کی شخصیت علمی مصدر و مرجع کی حیثیت رکھتی ہے۔

گذشتہ دنوں سال رواں (۱۴۱۹ھ مطابق ۱۹۹۹ء) کا عالمی شاہ فیصل ایوارڈ برائے ''تحقیقاتِ اسلامی و خدماتِ حدیث'' ملکِ شام کے محدثِ جلیل، بقیۃ بے مثیل بقیۃ السلف، یکتائے روزگار علامہ زمان شیخ محمد ناصر الدین البانی کو دیا گیا تھا۔ ہم یہ سمجھتے ہیں کہ شیخ البانی کی علمی شخصیت اس ایوارڈ سے کہیں زیادہ بالا تر اور رفیع تھی۔ یہ آپ کی خدمات کا ایک ادنیٰ اعتراف ہے۔ اس ایوارڈ سے آپ کی شخصیت کی علمی وجاہت میں تو کوئی اضافہ نہیں ہوا بلکہ اس ایوارڈ کا اعزاز از اور اعتماد و چند ہوا ہے۔

کچھ عرصے سے آپ سینے اور آنتوں کی انفکشن کا شکار تھے۔ بالاخر کینسر کی بیماری جان لیوا ثابت ہوئی۔ اللہ آپ کی تحقیقی خدمات کو قبول فرمائے، مسلمانوں کو آپ سے قائدہ اٹھانے کی توفیق بخشے اور آپ کو اپنے جوارِ رحمت میں جگہ دے۔ آمین!

پریس سیکرٹری